폭력의 위상학

Topologie der Gewalt
by Byung-Chul Han

Copyright ⓒ MSB Matthes & Seitz Berlin Verlagsgesellschaft mbH, Berlin 2013
Korean translation copyright ⓒ Gimm-Young Publishers, Inc. 2020
All rights reserved.

This Korean edition was published by arrangement with MSB Matthes & Seitz
Berlin Verlagsgesellschaft mbH, Berlin.

폭력의 위상학

1판 1쇄 발행 2020. 6. 10.
1판 3쇄 발행 2024. 3. 22.

지은이 한병철
옮긴이 김태환

발행인 박강휘
편집 강영특 디자인 홍세연 마케팅 윤준원 홍보 박은경
발행처 김영사
등록 1979년 5월 17일 (제406-2003-036호)
주소 경기도 파주시 문발로 197(문발동) 우편번호 10881
전화 마케팅부 031)955-3100, 편집부 031)955-3200 팩스 031)955-3111

값은 뒤표지에 있습니다.
ISBN 978-89-349-9548-7 03100

홈페이지 www.gimmyoung.com   블로그 blog.naver.com/gybook
인스타그램 instagram.com/gimmyoung 이메일 bestbook@gimmyoung.com

좋은 독자가 좋은 책을 만듭니다.
김영사는 독자 여러분의 의견에 항상 귀 기울이고 있습니다.

폭력의 위상학

한병철

김태환 옮김

김영사

차례

1부_ 폭력의 거시물리학

2부_ 폭력의 미시물리학

사라지지 않는 것들이 있다. 폭력도 그런 것 가운데 하나다. 폭력에 대한 혐오가 근대의 특징이라고 할 수는 없다.[1] 폭력은 그저 변화무쌍할 뿐이다. 사회적 구도가 변화함에 따라 폭력의 양상도 달라진다. 오늘날 폭력은 가시성에서 비가시성으로, 정면 대결성에서 바이러스성으로, 노골성에서 매개성으로, 실재성에서 잠재성으로, 육체성에서 심리성으로, 부정성에서 긍정성으로 이동하며, 그리하여 피하皮下로, 커뮤니케이션의 뒤편으로, 모세관과 신경계의 공간으로 물러난다. 그리하여 폭력이 사라진다는 잘못된 인상이 생겨난다. 폭력은 자신의 반대 형상인 자유와 합치를 이루는 순간 완전히 보이지 않게 된다. 군사적 폭력은 오늘날 익명화된, 탈주체화된 시스템적 폭력에 자리를 내준다. 이러한 폭력은 폭력으로 드러나지 않는다. 그것 자체가 사회와 하나가 되어버리기 때문이다.

《폭력의 위상학》은 우선 **부정성**의 형태로 나타나는 폭력, 즉 **자아**와 **타자**, **내부**와 **외부**, **친구**와 **적** 사이의 이원적 긴장관계 속에서 전개되는 **거시물리적** 현상으로서의 폭력에 관심을 기울인다. 이러한 폭력은 보통 표현적으로, 폭발적으로, 육중하게, 공격적으로 표출된다. 태고 시대의 희생과 피의 폭력, 질투와 복수심에 불타는 신들의 신화적 폭력, 처형을 명하는 주권자의 폭력, 고문의 폭력, 가스실의 무혈 폭력, 테러리즘의 바이러스성 폭력이 모두여기에 속한다. 거시물리적 폭력은 좀 더 섬세한 형태로, 이를테면 언어폭력으로 구현될 수도 있다. 상처를 주는 언어의 폭력은 물리적 폭력과 마찬가지로 여전히 부정성의 원리를 기초로 한다. 그것은 명예를 **훼손**하고 신뢰를 **깎아내리**며, 위신을 **떨어뜨리**고, 존중을 **거부**한다. 언어폭력은 부정성의 폭력이라는 점에서 언어의 스팸화, 과잉 커뮤니케이션과 과잉 정보, 언어와 커뮤니케이션과 정보의 거대한 더미에서 오는 **긍정성의 폭력**과 구별된다.

오늘의 사회는 타자의 부정성, 낯선 것의 부정성에서

해방되어간다. 게다가 지구화는 이러한 경계와 차이의 파괴 과정에 박차를 가한다. 그러나 부정성의 축소를 폭력의 소멸과 같은 것으로 생각해서는 안 된다. 부정성의 폭력과 나란히 적대관계나 지배관계 없이 작용하는 긍정성의 폭력도 존재하기 때문이다. 폭력은 부정성의 과잉일 뿐만 아니라 긍정성의 과잉이기도 하다. 과잉 성과, 과잉 생산, 과잉 커뮤니케이션, 과잉 주의, 과잉 행동에서 나타나는 긍정적인 것의 대량화. 긍정성의 폭력은 어떻게 보면 부정성의 폭력보다 더 치명적일 것이다. 그것은 전혀 보이지 않고 불명확한 데다가, 긍정성으로 인해 면역저항에 부딪히지도 않기 때문이다. 부정성의 폭력에 특징적인 감염, 침략, 침투가 물러나고 경색이 그 자리를 대신한다.

후기근대의 성과주체는 외적인 지배기구의 억압에 내맡겨져 있지 않다는 점에서 자유롭다고 할 수 있을 것이다. 그러나 실제로 그는 복종주체만큼이나 자유롭지 못하다. 외적인 억압Repression이 극복되고 나면, 내부에서 압박Pression이 생겨나고, 그리하여 성과주체는 우울증Depression을 얻는다. 폭력은 경감되지 않은 채 존속하며, 그저 자리만 내부로 옮겨갈 뿐이다. 주권사회(이 책에서 주권자, 주권사회라고 할 때, 주권의 개념은 카를 슈미트와 아감벤이 말하는 의미에서 법질서 너머에 있는 권력으로 이해해야 한다. 군주의 권력과 같이 법치의 원리에 제한받지 않는 권력자가 통치하는 사회를 주권사회, 그러한 권력을 행사하는 자를 주권자라고 한다 – 옮긴이)의 참수Dekapitation, 규율사회의 변형Deformation, 성과사회의 우울증Depression은 폭력의 위상학적 변천 과정이 밟아온 단계들이다. 폭력은 이 과정에서 점점 더 내부화되고 심리화되며, 이에 따라 점차 보이지 않게 된다. 폭력은 타자나 적의 부정성에서 벗어나 자기 관련적으로 된다.

1부

폭력의
거시물리학

1. 폭력의 위상학

그리스인들은 고문을 아낙카이(ἀνάγκαι)라고 불렀다. 아낙카이는 "필연", 또는 "불가피성"을 뜻한다. 고문은 운명이나 자연법칙(아낙케ἀνάγκη)으로 인식되고 받아들여진 것이다. 그것은 물리적 폭력을 목적을 위한 수단으로 승인하는 사회의 인식이다. 근대사회가 영혼의 사회라면 이 사회는 피의 사회로서 근대사회와 구별된다. 여기서 갈등은 폭력을 동원함으로써 즉각, 전격적으로 해결된다. 외적 폭력은 영혼의 짐을 덜어준다. 이러한 폭력을 통해 고통이 외부화되기 때문이다. 영혼은 고통스러운 독백의 늪으로 빠져들지 않는다. 폭력은 근대에 들어와 정신화, 심리화, 내면화의 과정을 겪는다. 폭력은 내면 심리적 형태를 취한다. 파괴적 에너지는 감정적으로 직접 분출되지 못하고, 심리적으로 **소화**된다.

그리스 신화는 피와 난도질된 신체로 가득하다. 신들에게 폭력은 목적을 달성하고 의지를 관철하기 위한 당연하고 자연스러운 수단이다. 북풍의 신인 보레아스는 자신의 폭력적 방식을 다음과 같이 정당화한다. "이 신은 폭력을 휘두르는 대신 사정에 의지하여 구혼하는 동안에는 사랑하는 오레이튀이아를 차지할 수 없었다. 신적인 말이 아무 효과를 보지 못하자, 그는 익숙한, 북풍에 너무나 잘 어울리는 태도로 분노를 터뜨리며 펄펄 뛰었다. '당해도 싸지! 어쩌자고 우리의 무기를 다 내려놓았단 말인가. 광포함과 폭력, 분노와 위협적인 거친 숨소리를. 그러고서 내게는 어울리지도 않는 간청으로 일을 이루려 하다니. 내게 맞는 것은 역시 폭력이다.'"[2] 고대 그리스는 또한 흥분의 문화이기도 하다. 이 문화를 특징짓는 격렬한 감정은 폭력적 양상을 띠고 분출한다. 미소년 아도니스를 엄니로 죽인 멧돼지는 흥분의 문화, 감정의 문화에 고유한 폭력을 상징한다. 아도니스가 죽은 뒤에 멧돼지는 이렇게 말했다고 한다. "관능적 자극에 흥분한 엄니ἐρωτικοὺς ὀδόντας"로 아도니스를 다치게 하려 한 것이 아니라 그저 애무하려 했을 뿐이라고. 감정과 충동의 문화는 이러한 역설에 몰락할 것이다.

전근대 사회에서 폭력은 도처에 존재했고, 무엇보다도 일상적이고 가시적인 현상이었다. 폭력은 사회적 실천과 커뮤니케이션의 본질적 요소인 까닭에, 단순히 행사되는 데 그치지 않고 의도적으로 공공연히 전시되었다. 지배자는 처형과 피를 통해 권력을 과시한다. 광장에서 벌어지는 잔혹극은 연출된 권력과 지배의 드라마다. 폭력과 그것의 연극적 전시는 권력과 지배가 관철되는 과정의 본질적인 부분을 이룬다.

고대 로마에서 무네라munera는 공공 서비스를 가리키는 말이었다. 무네라의 단수형인 무누스munus는 공직에 있는 사람에게서 받을 것으로 기대되는 선물을 의미하기도 한다. 무네라 가운데 하나로 무누스 글라디아토리움munus gladiatorium[3]이 있는데, 유명한 검투사 시합은 그 일부에 지나지 않으며, 이보다 훨씬 잔인한 정오의 처형이 시합에 앞서 역시 무누스 글라디아토리움의 일환으로 진행되었다. 담나티오 아드 글라디움damnatio ad gladium(칼에 의한 죽음)과 담나티오 아드 플람마스damnatio ad flammas(불에 의한 죽음) 외에 담나티오 아드 베스티아스damnatio ad bestias(야수에 의한 죽음)라는 죽음의 방식이 있다. 범죄자들은 굶주린 맹수들의 먹이로 산 채로 던져져 갈기갈기 찢겨 죽는다. 무누스 글라디아토리움은 대중의 공격 충동을 충족시켜주기 위한 순수한 대중오락 행사가 아니다. 여기에는 오히려 깊은 정치적 의미가 담겨 있다. 이 잔혹극에서 주권자의 권력은 칼의 힘으로서 연출된다. 그리하여 무누스 글라디아토리움은 황제 숭배의 본질적 구성 성분이 된다. 화려하게 연출된 폭력적 처형은 지배자의 권력과 위엄을 전시한다. 지배는 피의 상징성을 활용한다. 무자비한 폭력은 권력의 인장으로 기능한다. 폭력은 숨지 않는다. 폭력은 가시적으로 현현한다. 여기에는 어떤 부끄러움도 없다. 폭력은 침묵하지 않고 벌거벗은 야만도 아니다. 폭력은 달변이며, 의미를 싣고 있다. 태곳적 문화뿐만 아니라 고대에서도 폭력의 연극적 전시는 사회적 커뮤니케이션의 필수적이고 핵심적인 구성 요소였다.

근대에 이르러 무자비한 폭력은 정치 무대에서뿐만 아니라 거의 모든 사회적 영역에서 점차 정당성을 박탈당한다. 이와 함께 폭력을 전시할 무대도 사라져간다. 처형은 이제 일반인의 접근이 허락되지 않는 공간에서 이루어진다. 처형하는 폭력은 더 이상 전시되지 않는다. 강제수용소 역시 이러한 위상학적 변동의 표현이다. 강제수용소는 더 이상 처형하는 폭력의 무대가 되지 못한다. 그것은 한 도시의 중심이 아니라 **변두리**에 자리한다. 주권사회에 특징적인 현상인 유혈 폭력의 무대는 모든 공적 관심에서 벗어나 있는 무혈 가스실로 대체된다. 폭력은 화려하게 치장하고 무대에 나서지 못하고, **부끄러운 듯** 몸을 숨긴다. 폭력은 계속 행사되지만 공적으로 무대 위에 올려지지는 않는다. 폭력은 특별히 주목받고자 하지 않는다. 여기에는 어떤 언어도, 어떤 상징성도 없다. 폭력은 아무것도 선포하지 않는다. 그저 말없이 침묵 속에서 파괴할 따름이다. 수용소의 무젤만(본래 이슬람교도를 의미하는 독일어 단어. 나치수용소에서 아사 직전에 이르러 피골이 상접한 수감자를 가리키는 말로 사용됨―옮긴이)은 이미 부끄러움을 알게 된 폭력의 희생자다. 폭력은 그 때문에 범죄로 느껴지는 것이고, 스스로 부인하는 것이다. 주권자의 처형 폭력은 정당성을 상실한 뒤에 공공적인 성격을 지닌 **장소**를 떠난다. 수용소는 **비-장소** Ab-Ort이다. 그 점에서 수용소는 그래도 여전히 **장소**에 속하는 감옥과 구별된다.

  피의 사회라고 할 수 있는 전근대적 주권사회가 종언

을 고함과 함께 폭력은 위상학적 변동의 과정 속에 들어
간다. 폭력은 더 이상 정치적, 사회적 커뮤니케이션의 일
부가 아니다. 폭력은 피하皮下로, 커뮤니케이션의 뒤편으
로, 모세관과 내면적 영혼의 공간으로 물러난다. 폭력은
가시적인 것에서 비가시적인 것으로, 직접적인 것에서
은밀한 것으로, 육체적인 것에서 심리적인 것으로, 호전
적인 것에서 매개적인 것으로, 정면대결적인 것에서 바
이러스적인 것으로 변화해간다. 대결 대신 오염, 공개적
인 공격 대신 부지불식간의 전염이 이제 폭력의 작동 양
식이 된다. 이러한 폭력의 구조적 변화가 오늘날 점점 더
강력하게 폭력 사건의 성격을 규정한다. 테러리즘도 파
괴적 힘을 한데 모아 정면 공격을 꾀하기보다 비가시적
으로 작동하기 위해 자신의 힘을 바이러스적으로 분산
시킨다. 21세기의 전쟁 양식인 사이버 전쟁도 바이러스
적으로 작전을 펼친다. 바이러스적 방식은 폭력을 보이
지 않게 숨기고, 불명확하게 만든다. 범인도 자기를 가린
다. 공격하기보다 **전염**시키는 디지털 바이러스는 범인을
명확히 가리키는 흔적을 거의 남기지 않는다. 하지만 이
러한 바이러스적 폭력도 여전히 **부정성**의 폭력임은 분명
하다. 그것의 본질에는 가해자와 피해자, 선과 악, 친구와
적의 이원성이 새겨져 있다.

심리적 내부화는 근대에 일어난 폭력의 위상학적 변화에서 중심적인 문제에 속한다. 폭력은 영혼의 내적 갈등이라는 형태로 일어난다. 파괴적 긴장은 바깥을 향해 방출되기보다 내적으로 해결된다. 전선은 자아의 바깥이 아니라 내부에 형성된다. "문화는 개인을 약화시키고, 무장해제하며, 그의 내부에 어떤 기구를 통해, 마치 점령된 도시의 점령군처럼, 감시하게 함으로써, 개인의 위험한 호전성을 통제한다."[4] 프로이트는 양심이 바로 이러한 심리적 감시 기구라고 본다. 양심은 폭력의 전도가 일어나는 장소이다. "우리는 심지어 이단이 될 각오를 하고 우리의 양심은 내부로 방향을 돌린 공격성에서 기원했다고 설명하고자 했다."[5] 타인을 향한 공격성은 자기 자신을 향한 공격성으로 방향을 돌린다. 인간이 타인을 향한 공격성을 참는 데 비례하여 양심은 더욱 엄격해지고 더 큰 강제력을 발휘하게 된다.[6]

지배 기술 역시 폭력의 내부화를 이용한다. 지배 기술은 복종주체가 외적인 지배기구를 내면화하여 자기 자신의 일부로 받아들이도록 유도한다. 이로써 지배에 필요한 비용이 현저히 절감된다. 상징적인 폭력도 일종의 폭력이다. 그것은 습관의 자동성에 의지하여 작동한다. 상징적 폭력은 자명한 관념, 습관화된 지각과 행동 패턴 속에 새겨진다. 그리하여 폭력은 **자연화**된다. 자연화된 폭력은 육체적, 군사적 폭력의 수고를 들이지 않고도 기존의 지배관계를 유지하는 길을 열어준다. 훈육의 기술 역시 강제의 심리적 내부화에 의존한다. 훈육의 기술은 세밀하고 은근한 개입으로 신경선과 근섬유에 파고들어가 주체를 정형외과적, 신경교정적 강제와 명령에 예속시킨다. 그리하여 주권사회를 지배하던 무지막지한 **참수**의 폭력은 연속적이고 피하에서 작용하는 **변형**의 폭력으로 대체된다.

후기근대의 성과주체는 누구에게도 예속되어 있지 않다. 성과주체는 사실 주체Subjekt라고 할 수도 없다. 주체는 그 본질에 예속성 subject to, sujét à이 깃들어 있는 존재이기 때문이다. 성과주체는 스스로를 긍정화한다. 그렇다. 성과주체는 스스로를 해방시켜 하나의 **프로젝트** Projekt로 만든다. 그러나 **주체에서 프로젝트로의 변신**이 폭력을 소멸시키지는 못한다. 타자에 의한 외적 강제의 자리에 자유를 가장한 자기 강제가 들어선다. 이러한 발전은 자본주의적 생산관계와 밀접하게 관련되어 있다. 생산의 수준이 일정 단계에 이르면 그때부터는 자기 착취가 타자 착취보다 훨씬 더 효과적이고 더 많은 성과를 가져오기 시작한다. 자기 착취는 자유의 감정과 함께 이루어지기 때문이다. 성과사회는 자기 착취의 사회다. 성과주체는 스스로 **불타버릴** 때까지(번아웃) 스스로를 착취한다. 이때 발생하는 자기공격성은 드물지 않게 자살의 폭력으로까지 치닫는다. 이로써 프로젝트는 성과주체가 자신에게 겨냥하는 **탄환**Projektil임이 드러난다.

2. 폭력의 고고학

폭력의 끈질긴 생명력 때문에 프로이트는 파괴적 충동들을 생산하는 죽음 본능의 존재를 가정하기에 이른다. 이에 따르면 죽음 본능에서 유래하는 파괴적 충동들은 이리저리 떠돌다가 한 대상에서 폭발한다. 반면 르네 지라르는 이러한 폭력의 실체화 논리에서 벗어나 "모방적 경쟁"을 폭력의 원인으로 지목한다. 폭력은 인간이 타자의 욕망을 모방하기 때문에 발생한다는 것이다. 지라르의 테제에 의하면 대상은 단순히 많은 사람들이 동시에 욕망한다는 사실만으로도 가치가 상승한다. 인간은 남도 원하는 것을 소유하고 싶어 한다. 그리하여 "소유의 모방"은 폭력적 갈등을 촉발한다. 동일한 대상을 향한 두 욕망은 서로를 방해한다. 이로부터 지라르는 모방이 필

연적으로 갈등으로 귀착한다고 추론한다.[7] 그는 "모방적
경쟁"을 인간 사이에 발생하는 폭력의 주요 원천으로 간
주한다. 그가 많은 문화에서 발견할 수 있다고 주장하는
모방의 금지는 이에 따르면 폭력을 예방하기 위한 조치
로 나타난다. "모든 모방적 재생산은 즉시 폭력적 행동을
유발하기 때문이다."[8]

그러나 "모방적 경쟁mimetischen Rivalität"이라는 지라르
의 개념은 폭력의 본질을 포착하지 못한다. 어원적으로
라이벌Rivale은 수로rivus의 이용과 관련된다. 라이벌은 다
른 사람들이 물을 갈망하기 때문에 자기도 물을 갈망하
는 것이 아니다. 폭력적 행동은 모방적 욕망으로 인해 가
치 있게 되는 대상보다는 그 자체로 본질적 가치를 지닌
대상을 둘러싸고 벌어진다. 여기서 문제되는 것은 원초
적 욕구를 충족시키는 대상이다. 지라르의 모방 이론은
돈도 설명하지 못한다. 나는 남들도 원하기 때문에 돈을
원하는 것이 아니다. 모방적 욕망에서 돈의 가치가 비로
소 생겨나는 것이 아니다. 돈은 특별한 대상이다. 돈은 그
자체가 바로 가치이기 때문이다. 물론 모방이 중요한 인
간의 행동 양식에 속한다는 것은 명백하다. 모방이 없다
면 사회화 과정도 일어날 수 없을 것이다. 그러나 모방이

대상으로 하는 것은 주로 언어와 행동 양식과 같은 상징적 차원의 현상이다. 따라서 필연적으로 모방에서 폭력적 갈등이 촉발된다고 할 수는 없다.

지라르는 복수 역시 그 원인을 모방에 돌린다. 그는 나선형을 그리며 증폭되는 치명적인 복수의 폭력을 "모방의 위기"라고 부른다. "피의 복수의 단계에서 본질적인 것은 언제나 동일한 행위, 즉 이전에 행해진 살인 행위에 대한 보복적 모방으로서 동일한 이유와 동일한 방식에 따라 행해지는 살인이다. 그리고 이러한 모방은 계속 번식해간다[…]. 연쇄적 형식으로 일어나는 복수는 모방의 정점이자 완성이다."[9] 살인 폭력의 나선형적 증폭은 사람들이 서로를 모방하기 때문에 나타나는 현상이 아니다.[10] 모방은 피의 복수가 보이는 파괴적인 폭력의 나선 구조를 설명하지 못한다. 태고의 복수 관습에서 중요한 것은 살해 자체이지 살해의 모방이 아니다. 살해는 **내재적** 가치를 지닌다. 모방 원리가 아니라 **자본주의** 원리가 태고의 폭력 경제를 지배한다. 폭력을 더 많이 행사할수록 더 많은 권력이 돌아온다. 타자에게 가해진 폭력은 생존 능력을 증대시킨다. 인간은 살해함으로써 죽음을 극복한다. 즉, 죽음을 장악할 수 있다는 믿음에서 살해를 저지르는 것이다. 이러한 태고의 폭력 경제는 고대에도 아직 살아 있었다. 아킬레우스는 친구 파트로클로스의 죽음을 복수하기 위해 마구잡이로 살육하게 한다. 적만 죽이는 것이 아니다. 모두가 파트로클로스의 시신을 에워싸고 복수의 서약을 한 뒤에 그의 시신을 불태우기 위한 장작더미 앞에서 셀 수 없이 많은 소, 양, 염소, 돼지를 잡아 죽인다. 중요한 것은 살육 그 자체다.[11] 모방은 여기서 아무런 의미도 없다.

폭력은 아마도 최초의 종교적 경험일 것이다. 태고의 인간에게 모든 것을 파괴하는 자연의 폭력이나 맹수의 살상력은 트라우마적 공포와 매혹의 감정을 동시에 안겨주었을 것이다. 그리하여 이들은 신으로 인격화되거나 초인적 현실로 숭상되기에 이른다. 폭력에 대한 최초의 반응은 외부화라고 부를 수 있다. 태고 시대의 문화에서 **자연 내적** 원인이 정확히 파악된, 그리하여 두려워할 필요가 없는 '자연 폭력'은 존재하지 않았다. **사회 내부의** 폭력도 철저히 외부에서 사회 안으로 침입해오는 폭력의 결과로 해석된다. 질병과 죽음도 마찬가지 원리에서 **신체 내부의** 사건이 아니라 외적 폭력의 영향으로 여겨졌다. 모든 죽음이 폭력적이다. '자연사自然死'도, '자연의 폭력'도 존재하지 않았다.

태고 시대의 종교는 성스러운 것으로 외부화된 폭력과의 복합적인 상호작용으로 이루어진 복합체다. 이때 희생은 상호작용의 가장 중요한 형태에 속한다. 아즈텍인들은 심지어 포로를 잡아 피에 굶주린 전쟁의 신에게 인간 제물로 바치기 위해 제의적인 전쟁을 수행하기도 했다. 군사 행렬은 사제들이 이끌었으니, 전쟁 자체가 일종의 예배인 셈이었다. 전쟁뿐만 아니라 대량학살도 여기서는 종교적 행위였다. 태고 문화에서 폭력은 종교적 커뮤니케이션의 중심 매체다. 이때 인간은 폭력을 매체로 하여 폭력의 신과 소통한다. 신적인 것으로 경험된 폭력과의 관계는 대단히 다양하게 나타난다. 그것은 지라르가 설명하는 것처럼 저항과 예방으로 환원될 수 없다. "이러한 사회에서 폭력이 유발하는 해악은 너무나 크고 치유 수단은 너무나 미약하기 때문에 예방에 강조점이 놓일 수밖에 없다. 이때 예방의 영역은 무엇보다도 종교의 영역이다. 종교적 예방은 폭력적 특성을 나타낼 수 있다."[12] 이에 따르면 종교 행동의 핵심은 폭력을 완화하고 폭력의 고삐가 풀리는 것을 방지하는 데 있다. 단, 그 목적을 이루는 수단은 다시 폭력이다. 한 사회 안의 모든 폭력적인 것은 속죄하는 희생양에 실리고, 그의 죽음을 통해 사회 바깥으로 배출된다. "일차적으로 희생양은 가까운 관계에 있는 사람들 사이의 반목과 경쟁, 질시, 분쟁을 해소하는 과업을 도맡는다. 희생양은 공동체 내의 조화를 되살리고 사회적 응집력을 강화한다."[13] 이에 따르면 희생양은 일종의 피뢰침처럼 작용한다. 폭력은 영리한 방식으로 대리 대상에 돌려져 배출되는 것이다.[14]

지라르는 폭력의 예방이 종교의 본질이라고 거듭 강조한다.[15] 희생양이 폭력 예방에도 기여한다는 것은 의심의 여지가 없지만, 종교적인 것의 의미를 폭력 예방으로만 한정할 수는 없다.[16] 종교적인 폭력 실천은 반작용과 예방의 성격만 지니지 않는다. 그것은 작용적이고 생산적이기도 하다. 폭력의 신이나 전쟁의 신과 하나가 된 사회는 그 스스로 호전적이고 폭력적인 성향을 나타낼 것이다. 그리하여 아즈텍인은 폭력적인 전쟁신의 이름으로 전쟁을 벌인 것이다. 그들은 적극적으로 폭력을 생산한다. 폭력은 상승시키고 고무한다. 니체는 이렇게 적고 있다. "아직 자신에 대한 믿음을 지닌 민족은 고유한 신도 가지고 있다. […] 이 민족은 자신에 대한 기쁨, 자신의 권력 감정을 어떤 존재에게 투사한다[…]. 분노, 복수,

질투, 경멸, 계략, 폭력을 알지 못하는 신, 승리와 파괴의 황홀한 열병조차 알지 못하는 신이 있다면, 그런 신에게 무얼 기대한단 말인가?"[17] 아즈텍 사원을 장식하는 수없이 많은 해골은 폭력 예방의 언어가 아니라 적극적인 폭력 생산의 언어를 구사한다. 희생된 자들의 해골을 목재 비계에 죽 달아놓은 모습은 자본 축적을 연상케 한다. 살해 폭력은 성장의, 힘의, 권력의, 더 나아가 불사의 감정을 일으킨다. 원시적 사회는 폭력에 대해 면역 예방적 태도[18]만을 취하지 않는다. 이 사회가 폭력과 맺는 관계는 자본주의적이기도 하다.

원시적 세계에서는 모든 죽음이 외부적 폭력의 작용으로 해석된다. 인간은 외부에서 덮쳐오는 이 치명적 폭력에 대항 폭력을 맞세움으로써 저항을 시도한다. 적극적으로 폭력을 행사함으로써 폭력에서 스스로를 지키고자 하는 것이다. 살해당하지 않기 위해 살해한다. 죽임이 죽음을 막아준다. 더 강한 폭력을 휘두를수록, 더 많이 죽일수록, 그만큼 더 불사의 존재에 가까워진 듯이 느끼게 된다. 폭력은 가까이 다가오는 죽음에 직면하여 생존을 도모하는 죽음의 기술이다.

폭력의 행사는 권력 감정을 고조시킨다. 더 많은 폭력은 더 많은 권력을 의미한다. 원시 문화에서 권력은 아직 지배관계의 현상이 아니다. 권력은 주인도, 노예도 만들어내지 않는다. 권력은 오히려 인간이 소유하고 축적하고 상실할 수도 있는 초자연적, 비인격적 실체로 여겨진다. 마르키즈 제도의 원주민들은 이 비밀스러운 실체로서의 권력을 마나라고 부른다. 마나는 살해당한 자에게서 승자에게 옮겨가므로, 용맹스러운 전사는 이를 대량으로 획득할 수 있다. "그들은 전사가 자신이 죽인 자들의 마나를 전부 몸속에 지닌다고 믿었다. [⋯] 한 명 죽일 때마다 그가 사용하는 창의 마나 또한 그만큼 더 커진다. [⋯] 마나를 직접 몸에 집어넣기 위해서 그는 희생자의 살을 먹었다. 그리고 이렇게 증가된 권력을 전투에서 꼭 붙잡아두기 위해 [⋯] 패배한 적의 신체 일부를 일종의 무구처럼 달고 다녔다. 뼈 한 조각, 말라비틀어진 손, 때로는 심지어 해골."[19]

폭력을 초자연적이고 비인격적인 권력 수단으로 보는 관점은 피의 복수에도 새로운 빛을 던져준다. 피의 복수는 살인에 **책임이 있는 인물**을 향한 앙갚음이 아니다. 어떤 **인격적 주체도 책임**을 추궁당하지 않는다. 살인은 범인을

죄의 연관 속에 집어넣지 않는다. 원시적 피의 보복은 **특
정한 방향이 없고**, 바로 그 때문에 그토록 무자비한 파괴력
을 발휘한다. 살인에 의한 죽음은 살해당한 자가 속한 집
단의 힘을 약화시킨다. 따라서 그들은 그들대로 살해 행
위에 나섬으로써 손상된 권력 감정을 복구하지 않으면
안 된다. 따라서 중요한 것은 **누구**를 죽이느냐가 아니다.
오직 죽이는 행동 자체만이 중요하다. 모든 죽음이, 심지
어 자연사조차 복수 행동을 촉발한다. 무차별한 살육이
자행되는 것은 그 때문이다. 죽일 때마다 권력이 증가한
다. 바로 이처럼 모든 이성적 논리에서 벗어나는 폭력의
마술적 경제가 피의 복수를 그토록 파괴적으로 만든다.
복수하는 자는 심지어 살인자가 속한 집단의 구성원뿐만
아니라, 우연히 길을 가다가 마주친 제3자를 죽이기도 한
다. 죽이는 것만이 죽음을 통해 야기된 권력의 상실을 보
상해준다.

원시적 형태의 권력은 마술적 물질처럼 즉각 작용한
다. 실체로서의 권력은 후대에 이르러서야 위계적 관계
로서의 권력으로 발전한다. 실체적인 권력은 그 직접적
성격으로 인해 어떤 지배도 확립하지 못한다. 지배는 복
합적인 매개와 반성의 구성체이기 때문이다. 원시 사회

는 지배가 성립하기 위한 필수적 요건이라 할 수 있는 뚜렷한 위계 구조를 이루지 않는다. 추장은 권력자가 아니라 하나의 매체일 뿐이다. "추장의 입에서는 명령과 복종의 관계를 인준하는 말이 나오지 않는다. 그의 입에서 나오는 것은 사회가 자기 자신에 관하여 하는 말, 자기 자신을 분리되지 않은 공동체로서 선포하는 말이다[…]."[20] 마나의 소유는 추장을 다른 부족원과 구별지어주지만, 그렇다고 그를 신에 가까운 **주권자**로 만들어주지는 못한다. 그는 오히려 마나를 잃는 순간 즉시 살해될 것이라는 생각을 늘 가슴에 품고 있어야 한다.[21]

형벌은 복수를 합리화하고, 복수가 산사태같이 불어나 엄청난 파괴력으로 발전하는 것을 막아준다. 원시 사회에서 폭력에 대한 유일한 대응 가능성은 대항 폭력이다. 근본적인 패러다임의 전환이 형벌 시스템과 복수 시스템 사이를 갈라놓는다. 형벌 시스템은 폭력을 어떤 **인격적 주체**에게 귀속되는 **행위**로 만든다. 폭력은 더 이상 대항 폭력으로 맞서야 할 비인격적 사건이 아니다. 폭력은 권력의 연관에서 분리되어 죄의 연관 속에 정립된다. 폭력은 나를 **강하게** 하지 않는다. 폭력은 나를 **죄인**으로 만든다. 형벌은 대항 폭력이 아니다. 형벌은 국가가 나를 대신

하여 수행하는 복수가 아니다. 객관적 죄의 연관 속에서 형벌은 오히려 정당하고 이성적인 것으로 나타난다. 폭력은 나선형으로 증폭하지 않는다. 형벌의 폭력은 원시적 복수의 본질적 특성, 즉 폭력을 통제 불능 상태로 몰아가는 무방향성Ungerichtetheit에서 벗어난다. 심판Richten과 방향Richtung은 상호 제약 관계에 있다. 형벌 시스템은 복수의 논리가 아니라 객관적 법체계에서 나오는 매개의 논리를 따른다. 형벌 시스템은 복수 시스템과 반대로 폭력의 생산이 아니라 폭력의 예방을 목표로 하며, 그런 점에서 폭력의 통제 불가능한 증식을 저지한다.

피에르 클라스트르는 원시 사회에서 전쟁이 일차적으로 생존에 필수적인 물자의 부족에서 기인하는 생존 투쟁의 성격을 지닌다는 일반적 견해에 맞서 전쟁의 근원은 순수한 공격성이라는 테제를 제시한다. 그는 전쟁과 교환을 밀접하게 결부시키는 레비스트로스의 견해를 비판하면서 거래나 교환과는 아무 관계도 없는 독자적인 파괴적 에너지를 전쟁의 원인으로 지목한다.[22] 그에 따르면 원시 사회는 상대적인 자립 상태에 있었기 때문에 물자 부족으로 전쟁을 벌일 이유는 없었다는 것이다. 전쟁은 오직 다른 집단에 맞서 집단의 자율성과 정체성을 수

호하는 수단일 뿐이다. "모든 지역적 집단에게 그 집단에 속하지 않은 다른 사람은 모두 타자다. 타자의 형상은 각각의 집단이 가지고 있는 자율적 우리로서의 정체성에 대한 신념을 확인시켜준다. 이는 그들이 항구적 전쟁 상태에 있음을 의미한다[…]."[23] 항구적 전쟁은 일종의 "원심력"을 일으켜 통일이나 통합을 저해하고 이로써 다수자로 분열된 세계를 낳는다. 전쟁은 국가 형성을 막는다. 이것이 클라스트르의 핵심 테제다. 하지만 매우 의심스러운 테제이다. 그는 원시 사회가 국가를 의식적으로 거부하며, 국가가 형성되는 것을 막기 위해 항구적으로 전쟁을 벌인다고 가정한다. 원시 사회는 "국가에 반대하는 사회"이며 따라서 "전쟁을 위한 사회"이다. 클라스트르는 다음과 같이 도발적인 주장을 펼친다. "적이 없다면, 적을 만들어냈을 것이다."[24] 국가는 복합적인 권력 구성체다. 국가가 성립하기 위한 전제는 위계적 지배관계로서의 권력이며, 원시 사회의 의식구조에 그러한 관념은 아직 존재하지 않았다.[25]

근대에 와서도 원시적 폭력 경제는 그냥 소멸하지 않는다. 경쟁적 핵무장 역시 원시적 폭력 경제의 원리를 따른다. 마나처럼 축적된 파괴의 잠재력은 권력과 불사의 감정을 만들어낸다. 죽일 수 있는 힘의 축적이 죽음을 막아낼 것이라는 원시적 믿음은 심층심리적 차원에서 여전히 생명을 이어가고 있다. 더 많은 살해 폭력은 더 적은 죽음으로 해석된다. 자본 경제도 원시적 폭력 경제와 두드러진 유사성을 나타낸다. 자본 경제는 피 대신 돈을 흘린다. 피와 돈 사이에는 본질적 근친 관계가 있다. 자본은 그 행태에 있어 근대화된 마나라고 부를 만하다. 인간은 돈을 더 많이 가질수록 더 강해지고, 더 안전해지고, 더 죽음에서 멀어질 거라고 상상한다. 돈Geld은 어원적으로도 이미 희생 및 예배와의 연관성을 보여준다. 돈은 본래 희생 제물이 되는 동물을 구하는 데 사용된 교환수단이었다고 한다. 그러니까 돈이 많은 사람은 그만큼 많은 희생 제물을 가질 수 있다. 즉, 그만큼 많은 동물을 죽여 제단에 바칠 수 있는 것이다. 그리하여 그는 맹수 같은 커다란 살해 폭력의 소유자가 된다.[26]

돈 혹은 자본은 죽음에 대항하는 수단이다. 심층심리적 층위에서 자본주의는 실제로 죽음 및 죽음의 공포와 깊은 관계가 있다. 자본주의의 원시적 차원은 이 점에서도 나타난다. 축적과 성장의 히스테리는 죽음에 대한 공포와 상호 제약 관계에 있다. 자본은 응결된 시간으로 해석할 수도 있다. 돈으로 남에게 일을 시킬 수 있기 때문이다. 그래서 무한한 자본은 무한한 시간의 환상을 낳는다. 자본의 축적은 죽음, 즉 시간의 절대적 결핍에 대항한다. 기한이 있는 삶의 시간에 직면하여 인간은 자본 시간을 쌓아올린다.

연금술의 목적은 평범한 금속을 고귀한 금속으로 변환하는 것이다. 납은 비천한 것으로 간주되는 대표적 금속이다. 납은 시간의 신인 사투르누스에게 속해 있다. 사투르누스는 중세에 흔히 무상성과 죽음의 상징인 낫과 모래시계를 들고 있는 모습으로 그려졌다. 납을 금으로 변화시키려 하는 연금술은 무한성과 불사를 위해서 시간과 무상성을 사라지게 하려는 마술적 시도와 같은 것이다. 아우룸 포타빌레aurum potabile(연금술사의 황금 음료)는 영원한 청춘을 약속한다. 죽음의 극복은 연금술적 상상력의 내용이다. 그것은 자본주의, 그 성장과 축적의 히스테리를 양성하는 상상력이기도 하다. 그렇다면 증시는 근대 자본주의의 바스 미라빌레vas mirabile(기적의 잔)라 할 수 있다.

구원의 경제 역시 축적의 논리를 따른다. 칼뱅주의자들에게는 오직 경제적 성공만이 영원한 지옥의 저주에서 벗어나 선택된 자의 무리에 속한다는 구원의 확신certitudo salutis을 준다. 무한한 매상Erlös은 구원Erlösung과 등가이다. 죽음의 공포와 밀접하게 관련되어 있는 구원에 대한 불안은 자본주의적 축적의 강박을 낳는다. 구원은 투자와 투기의 대상이 된다. 원시적 마나의 경제, 자본주의적 자본 경제, 기독교적 구원 경제 사이에는 유비 관계가 성립한다. 이들은 모두 죽음을 폐지하기 위한 죽음의 기술, 죽음을 사라지게 하는 마술이다.

자본주의 경제는 생존을 절대화한다. 자본주의의 관심은 **좋은** 삶이 아니다.[27] 자본주의는 더 많은 자본이 더 많은 삶을, 더 많은 삶의 능력을 산출한다는 환상을 먹고 자란다. 삶과 죽음을 엄격하게 분리하는 경직된 태도는 삶 자체를 유령처럼 경직된 분위기로 뒤덮는다. 삶을 생물학적 생명의 과정으로 환원하는 것은 삶 자체를 벌거벗기는 결과를 낳는다. 단순한 생존은 외설적이다. 이로써 삶은 생기를 잃는다. 생기는 단순한 생물학적 의미의 활력이나 건강보다 훨씬 더 복합적인 현상이다. 삶이 한 조각 주화처럼 벌거벗겨지고 모든 서사적 내용을 상실할 때 광적인 건강 숭배가 일어난다. 사회가 원자화되고 공동체적인 것이 침식됨에 따라 남은 것은 오직 **나의 몸**뿐이기에, 이 몸만은 어떤 값을 치르더라도 건강하게 유지해야 한다는 절실함이 생겨나는 것이다. 이상적 가치가 사라진 자리에는 주목받기를 갈망하는 자아의 **전시가치와 건강가치**밖에는 남아 있지 않다. 벌거벗은 삶은 무엇 때문에 건강해야 하는지를 답해줄 모든 목적론, 모든 '위하여'를 파괴해버린다. 건강은 자족적인 가치가 되며 모든 내용을 상실한 채 **목적 없는 합목적성**의 공허에 빠진다.

과거 어느 때도 오늘날만큼 삶이 덧없지는 않았다. 이제 지속과 불변을 약속하는 것은 아무것도 없다. **존재의 결핍** 앞에 직면한 인간은 신경과민에 빠진다. 과다행동과 삶의 가속화는 죽음을 예고하는 저 **공허**를 보상하려는 시도일 것이다. 생존의 히스테리가 지배하는 사회는 살 줄도 죽을 줄도 모르는 **산송장들의 사회**다. 프로이트 역시 이러한 생존의 치명적 변증법을 간파하고, 〈전쟁과 죽음에 대한 고찰〉이라는 에세이에서 다음과 같은 경구로 결론을 대신한다. "삶을 유지하려면 죽음을 준비하라Si vis vitam, para mortem."[28] 그러니까 삶이 **죽지 않은 삶**으로 굳어버리지 않게 하려면 삶 속에서 죽음에 더 많은 자리를 인정해야 한다는 것이다. "현실과 우리의 생각 속에 죽음에 합당한 자리를 마련해주고 우리가 지금까지 그토록 세심하게 억눌러온 죽음에 대한 무의식적 태도를 좀 더 표면으로 끌어올리는 것이 낫지 않을까? 그것은 물론 고차적 과업으로 보이지는 않는다. 오히려 어떤 면에서 퇴보, 퇴행이다. 그러나 그렇게 함으로써 얻을 수 있는 이점은 진실에 더 가깝게 생각하고 삶을 다시 더 견딜 만한 것으로 만들 수 있다는 것이다."[29]

3. 폭력의 심리

프로이트의 심리 장치는 부정성의 시스템이다. 초자아는
엄격한 명령과 금지의 기관으로 나타난다. "초자아는 아
버지로서의 성격을 유지할 것이다. 그리고 오이디푸스콤
플렉스가 강하면 강할수록, 오이디푸스콤플렉스의 억압
이 빠르게 (권위, 종교 교리, 수업, 독서의 영향으로) 일어나면 일
어날수록, 훗날 초자아는 양심으로서, 어쩌면 무의식적
죄책감으로서, 더 엄격하게 자아를 지배할 것이다."[30] 초
자아는 "강압적인 당위의 가혹하고 잔인한 성질"[31]을 지
닌, "엄격하게 제한하고, 무자비하게 금지하는" "정언명
령"으로서 모습을 드러낸다. 초자아는 자아를 향해 "인정
사정없이 격렬하게" "분노를 터뜨린다."[32] 그의 주 화법
조동사인 "해야 한다sollen"는 자아를 복종주체로 만든다.

"아이가 부모에게 복종하도록 강제되는 것처럼, 자아는 초자아의 정언명령에 굴복한다."[33] 초자아는 신, 주권자, 아버지를 대리하는 내면화된 지배기관이다. 초자아는 내 속에 있는 **타자**다. 초자아의 폭력도 결국 **타자**에게서 유래하는 것이기에 부정성의 폭력이라고 할 수 있다. 폭력은 지배 구도 속에서의 억압으로 나타난다.

프로이트의 심리 장치는 저항, 부정, 억압을 통해 조직되는 부정성의 시스템이다. 그것은 언제나 고개를 드는 충동과 억압 사이의 적대적 긴장 상태에 있다. 무의식이 존재하는 것도 억압 덕택이다. 프로이트에 따르면 무의식과 억압은 "대단히 긴밀한 상관관계"[34]에 있다. 억압된 충동표상은 "어둠 속에서" "무성하게 자라나며", "극단적인 표현 형태"를 취하면서 파괴적인 면모를 드러내기도 한다. 히스테리와 강박성 신경증의 증상들은 심리 장치 속에 작동하고 있는 폭력이 얼마나 심각한 것인지 짐작하게 한다. 심리 장치는 저항, 점령, 도주, 후퇴, 위장, 침입, 침투 등의 작전이 전개되는 전쟁터를 방불케 한다. 자아, 이드, 초자아는 결국 서로에 대해 명백한 **전선**을 사이에 두고 대립하는 진영처럼 행동한다. 그들은 때때로 화해하기도 하지만, 이때의 평화도 매우 불안정한 세력 관계 위에 세워진 것일 뿐이다.

　프로이트는 심리 과정을 기술할 때 일관되게 부정성
의 도식을 기반으로 삼는다. 그리하여 그는 자아에게 붙
들리지 않는 타자의 흔적을 끊임없이 추적해간다. 따라
서 심리 질환의 치유는 자아가 이드를 완전하게 장악할
때 이루어진다. 프로이트는 우울의 원인도 자아 속에 둥
지를 틀고 자아를 변화시키는 타자의 작용에 있다고 본
다. 우울은 슬픔과 마찬가지로 사랑하는 대상의 상실에
서 시작된다. 다만 슬픔과 애도가 잃어버린 대상에서 리
비도를 빼내어 새로운 대상에 투입하는 데 반해, 우울은
대상을 내면화한다. 투입된 에너지가 약하기 때문에 대
상은 쉽게 포기되지만, 대상에서 풀려난 리비도는 새로
운 대상을 점유하지 못한다. 오히려 대상과의 나르시시
즘적 동일화가 일어난다. "먼저 어떤 대상 선택, 즉 특정
인에의 리비도 결합이 있었다. 그런데 그렇게 사랑의 대
상이 된 사람이 **실제로 상처나 실망을 안겼고**, 그 영향으로
대상관계가 손상을 입었다. 일반적으로는 리비도가 대
상에서 **빠져나와** 새로운 대상으로 옮겨졌겠지만, 이 경
우는 그렇게 되지 않았다. […] 대상 점유Objektbesetzung
는 버티는 힘이 그다지 크지 않았기에 해제되었으나, 자

유롭게 된 리비도는 새로운 대상으로 옮겨가지 못하고 그냥 자아 속으로 되돌아갔다. 그러나 거기서도 리비도는 원하는 대로 이용되지 못하고 자아와 포기된 대상의 동일시를 수립하는 결과를 낳았을 뿐이다. […] 이런 식으로 […] 자아와 사랑하는 사람 사이의 갈등은 한편의 자아비난과 다른 편의 동일시에 의해 변형된 자아 사이의 분열로 전화한다."[35] 자아와 양가적 관계에 있던 대상은 포기된 이후에 자아의 일부로 내면화된다. 그리하여 포기된 대상에 대한 비판, 타자에 대한 비판은 자기비판의 형태로 이루어진다. 자책과 자기비하는 사실은 자아의 일부가 되어버린 타자를 향한 것이다. 우울의 바탕을 이루는 것은 자아의 분열이다. 자아의 일부가 역시 자아의 일부가 된 타자에 맞서 그를 비난하고 비하하는 것이다. "우울의 발발 계기는 죽음에 의한 대상의 상실이라는 분명한 경우를 넘어서, 대상에게 상처 입고, 무시당하고, 실망함으로써 애정과 증오의 대립이 대상과의 관계 속에 새겨지거나 기존의 양가성이 더욱 강화될 수 있는 그런 모든 상황을 포함한다. […] 대상에 대한 사랑이 […] 나르시시즘적 동일시로 도피한다면, 이렇게 대체된 대상에 증오가 작동하여 그 대상을 욕하고 비하하고 괴롭히고, 그런 괴롭힘에서 사디즘적 만족을 얻기에 이른다."[36] 대상과의 동일시는 사디즘을 마조히즘으로 전도시킨다. 이때 자아는 자기처벌과 자기학대라는 우회의 과정을 거쳐 원래 대상에 복수하는 것이다.

여기서 프로이트가 우울을 올바르게 해석하고 있는지 여부는 중요한 문제가 아니고, 오직 그의 설명 모델 자체만이 주목을 요한다. 우울은 병적으로 교란된 자기와의 관계다. 프로이트는 그것을 **타자**와의 관계로 해석한다. 우울병자가 자기 자신에게 가하는 폭력은 **자아 속에 있는 타자**를 향한 것이라는 점에서 부정성의 폭력이다. **내 속의 타자**는 프로이트의 정신분석학을 일관되게 조직하는 부정성의 공식이다.

프로이트의 심리 장치는 명령과 금지로 작동하는 억압적인 지배와 강제의 기구다. 이처럼 예속시키고 억압하는 심리 장치는 규율사회와 똑같이 장벽, 방책, 문턱, 감방, 경계선, 경계선을 지키는 경비 초소 등등으로 가득하다. 따라서 프로이트의 정신분석학은 주권사회나 규율사회처럼 금지와 명령의 부정성을 바탕으로 조직된 억압적 사회에서만 성립할 수 있는 것이다. 그러나 오늘의 사회는 점점 더 금지와 명령의 부정성에서 벗어나 자유의 사

회를 자처하는 성과사회다. 성과사회를 규정하는 화법조
동사는 프로이트의 "해야 한다Sollen"가 아니라 "할 수 있
다Können"이다. 이러한 사회 변동은 내면적 정신 구조의
변동을 수반한다. 후기근대의 성과주체는 프로이트의 정
신분석학이 대상으로 한 복종주체와는 **판이한 정신**을 지
니고 있다. 프로이트의 심리 장치를 지배하는 것은 부
정과 억압, 또는 위반에 대한 공포다. 자아는 "불안의 자
리"**37**다. 자아는 **큰 타자**에게 두려움을 느낀다. 후기근대
적 성과주체는 부정을 잘 알지 못한다. 그는 긍정의 주체
다. 무의식이 필연적으로 부정과 억압의 부정성과 결부
되어 있는 것이라면, 후기근대의 성과주체는 더 이상 무
의식이 없는 포스트프로이트적 자아일 것이다. 프로이트
의 무의식은 무시간적 구조물이 아니다. 그것은 금지와
억압의 부정성이 지배하는, 그러나 우리가 이미 오래전
에 떠나온 규율사회의 산물이다.

　프로이트적 자아가 해내는 일의 본질은 무엇보다도 의
무의 이행이다. 프로이트적 자아와 칸트적 복종주체의
공통점은 바로 여기에 있다. 칸트에게서 초자아의 위치
를 차지하는 것은 양심이다. 그의 도덕적 주체 역시 "폭
력"에 예속되어 있다. "모든 인간은 양심을 가지고 있으

며 어떤 내면의 판관의 감시와 위협에 처해 있다. 즉, 그는 판관의 주시(공포와 결합된 주의)의 대상인 것이며, 내면의 법을 관장하는 이러한 폭력은 그가 스스로 (자의적으로) 만들어낸 어떤 것이 아니다. 그것은 그의 본질 속에 합체되어 있다."[38] 칸트적 주체도 내적으로 분열되어 있다. 주체는 **타자**의 명에 따라 행동하지만 이 타자 역시 자신의 일부다. "양심이라 불리는 이 근원적으로 지적이고 (의무의 관념이라는 점에서) 도덕적인 소질은 특수하다. 그 특수성은 양심의 일이란 것이 실은 인간이 자기 자신과 벌이는 일임에도 불구하고 인간은 자신의 이성에 의거하여 그 일을 **누군가 다른 사람**의 명에 따라 하는 것으로 인식할 수밖에 없다는 데 있다."[39] 이와 같은 인격 분열 때문에 칸트는 "이중자아"나 "이중의 인격체"와 같은 표현을 사용한다.[40] 도덕적 주체는 피고인 동시에 재판관이다.

복종주체는 쾌락의 주체가 아니라 의무의 주체다. 그래서 칸트적 주체는 의무적 과업에 충실하며 자신의 "욕구"를 억압한다. 여기서 칸트의 신, "모든 것을 지배하는 도덕적 존재"는 단죄하고 처벌하는 기관일 뿐만 아니라 **보상**하는 기관이기도 하다. 도덕적 주체는 의무의 주체로서 물론 미덕을 위해 쾌락을 가져다주는 모든 욕구를 억누르기는 한다. 그러나 도덕적 신은 주체가 고통 속에서 해낸 의무의 완수를 행복으로 **보상한다**. 행복은 "윤리성에 정확히 비례하여" "분배된다."[41] 윤리를 위해 고통도 감수하는 도덕적 주체는 보상에 대해 확신한다. 여기에는 보상의 위기는 없다. 신은 기만하지 않는다. 신은 믿을 만하다.

후기근대의 성과주체는 의무 이행에 매달리지 않는다. 복종, 법, 의무의 완수가 아니라 자유, 쾌락, 욕구가 그의 좌우명이다. 그는 일에서 무엇보다도 쾌락의 획득을 기대한다. 그는 타자의 명에 따라 행동하지 않고, 오히려 **자기 자신**에게 귀를 기울인다. 그는 자기 자신의 경영자가 되어야 한다. 그리하여 그는 **명령하는 타자**의 부정성에서 벗어난다. 그러나 타자에서의 자유가 해방과 자유를 안겨주기만 하는 것은 아니다. 자유의 변증법은 그것에서 새로운 강제가 발생한다는 데 있다. 타자에서의 자유는 나르시시즘적 자기관계로 전도되며, 이는 성과주체가 겪는 많은 심리적 질환의 원인이 된다.

타자에게 이어지는 끈이 없다는 데서 보상의 위기가 초래된다. 보상은 곧 인정이며 타자 혹은 제3자의 심급을 전제한다. 자기 스스로에게 보상을 주거나 자기 자신을 인정하는 것은 가능하지 않다. 칸트에게는 신이 보상의 심급이다. 신은 주체의 도덕적 업적을 보상하고 인정한다. 보상구조가 교란된 탓에 성과주체는 점점 더 많은 성과를 올리지 않으면 안 된다는 강박에 시달린다. 타자와의 연결 상실은 보상 위기의 가능성을 낳은 **초월적** 조건이다. 보상 위기의 또 하나의 원인은 오늘의 생산관계에서 찾을 수 있다. **다 해낸, 완결지은** 일의 결과로서 최종적 **작품**Werk은 더 이상 가능하지 않다. 오늘날 생산관계는 바로 **완결**을 방해한다. 인간은 **열려 있는 쪽을 향해** 일한다. 시작과 끝을 가진 **완결의 형식**은 사라져간다.

세넷 역시 보상 위기의 원인을 나르시시즘적 장애와 타자 관계의 결핍에서 찾는다. "나르시시즘은 성격 장애로서 정확히 확고한 자기애의 대척점에 놓여 있다. 자기 속에 침잠하는 것은 아무런 보상도 가져다주지 않고, 오히려 자아에게 고통만 안길 뿐이다. 자아와 타자의 경계 소멸은 자아가 결코 새로운 것, 다른 것을 만날 수 없다는 것을 의미한다. 새로운 것, 다른 것은 자아에게 집어삼켜지고 자아가 그 속에서 자기 자신을 알아볼 수 있게 될 때까지 계속 변형된다. 이로써 다른 것, 다른 사람은 무의미해진다. […] 나르시시스트는 경험을 추구하지 않는다. 그는 체험하고 싶어 한다. 마주치는 모든 것에서 자기 자신을 체험하려 하는 것이다. [⋯] 그는 자아 속에 빠져 죽는다.[⋯]"[42] 인간은 경험 속에서 **타자**를 만난다. 경험 은 **타자를 향해** 변화시킨다. 반면 체험은 자아를 타자 속 으로, 세계로 연장한다. 체험은 **동일화**한다. 자기애는 자 기를 앞세우며 타자를 비하하고 거부한다는 점에서 여전 히 부정성의 규정 아래 놓여 있다. 자기는 타자에 **대항하 여** 스스로를 정립한다. 이로써 타자에게서 나를 분리하는 경계선이 유지된다. 자신을 사랑하는 자는 타자와의 분 명한 대립을 통해 자신의 위치를 정한다. 반면 나르시시 즘에서 타자와의 경계는 희미해진다. 나르시시즘 장애를 겪는 사람은 자기 자신 속으로 가라앉는다. 타자와의 관 계가 완전히 소실되고 나면 안정적인 자아상도 형성되지 못한다.

세넷은 오늘날 개인이 겪는 심리적 장애를 나르시시 즘과 연결시킨다. 이는 물론 정확한 인식이지만, 그가 여 기서 끌어내는 결론은 옳지 않다. "끊임없이 기대가 높아 지고, 이로 인해 행동 하나하나는 결코 충족의 느낌을 제 공하지 못한다. 이에 상응하여 뭔가를 완결할 수 없는 불 능 상태가 초래된다. 어떤 목표를 이루었다는 느낌은 회

피된다. 그러한 느낌이 든다면 나 자신의 체험은 객관화될 것이며, 어떤 형상, 형태를 취할 것이고 이로써 자아에서 독립하여 항상적으로 존속하게 될 것이기 때문이다. […] 자아는 끝이 없이, 완결되지 않을 때만 현실적이다. 끝이 없으려면 자아는 부단히 자기부정을 실천해야 한다. 완결에 이른다면, 체험은 인간에게서 분리되고 인간은 상실의 위협에 직면할 것이다. 자아의 끝없음, 그의 운동의 미완결성, 완결불가능성은 나르시시즘의 본질적 특성이다."[43] 세넷에 따르면 완결은 자아에서 독립하여 존속하는 객관화 가능한 형태를 만들어내고 이로써 자아를 약화할 것이기 때문에 나르시시즘에 빠진 개인은 **의도적으로** 목표에 도달하거나 뭔가를 완결하지 않으려 한다. 실제 사정은 그 반대다. **객관적으로 타당한, 최종적인 완결의 형식**이 사회적 조건으로 인해 불가능해졌기 때문에, 주체는 자기 자신의 나르시시즘적 반복의 과정에 빨려 들어가고, 그리하여 결코 어떤 **형상**이나 안정적인 자아상, 일정한 **성격**에 이르지 못하게 된다. 어떤 목적을 달성했다는 느낌은 자아 감정의 고양을 위해 **의식적으로** 회피되는 것이 아니다. **오히려 어떤 목적을 달성했다는 느낌은 결코 찾아오지 않는다**고 말해야 할 것이다. 나르시시즘적 주체에게 완결을 이루려는 **의지**가 없는 것이 아니다. 오히려 문

제는 완결을 이룰 수 있는 능력이 없다는 것이다. 주체는
자기를 잃고, 열린 공간 속으로 흩어진다. 완결적 형식의
부재는 무엇보다도 경제적 조건의 결과다. 개방성과 미
완결성은 성장에 긍정적으로 작용한다.

히스테리는 규율사회의 전형적 정신 질환이다. 정신
분석학이 확립된 것도 이 규율사회 속에서다. 정신분석
학은 억압, 금지, 부정 등, 무의식의 형성을 초래하는 **부
정성**을 전제한다. 무의식으로 밀려난 충동 표상들은 "변
환Konversion"을 통해 신체적 증상으로 표출되며 이러한
증상들은 한 개인을 규정하는 명백한 표지가 된다. 히스
테리 환자는 **특징적 형태**로 두드러진다. 따라서 히스테리
는 **형태론적** 접근을 허용하며 이 점에서 우울증Depression
과 구별된다.

프로이트에 따르면 "성격"은 부정성의 현상이다. 성격
은 심리적 검열 기관의 작용 없이는 형성되지 않기 때문
이다. 그리하여 프로이트는 성격을 "포기된 대상 점유의
침전물"[44]로 정의한다. 이드 속에서 일어나는 대상 점유
를 인지한 자아는 이를 그냥 내버려두거나 억압 과정을
통해 방어에 나선다. 성격은 속에 억압의 역사를 담고 있

다. 성격 속에는 자아가 이드 및 초자아와 맺는 관계가 투영되어 있다. 히스테리 환자가 특징적 **형태**를 나타내는 데 반해, 우울증 환자는 형태가 없다. 우울증 환자는 **무정형적 존재, 성격 없는 인간**이다. 히스테리 환자의 영혼은 타자의 강제에 예속되어 있을망정, 그 덕에 정돈된 형태를 획득한다. 우울증 환자의 심리 장치는 억압의 부정성에서 자유롭기는 하지만, 불명료하고 무질서하며 무정형적이다.

프로이트의 정신분석학은 억압, 부정Verneinung과 같은 개념이 보여주듯이 부정성을 전제한다. 무의식과 억압은 프로이트가 강조하는 것처럼 서로에 대해 "고도의 상관성"을 보여준다. 그러나 이를테면 우울증, 소진증후군, 주의력결핍과잉행동장애 등, 오늘날 유행하는 정신 질환에는 억압이나 부정의 과정이 개입하지 않는다. 이들은 오히려 **긍정성 과잉**의 징후를 드러낸다. 문제는 부정보다는 **아니라고 하지 못하는** 무능력, **금지**보다는 **만능**이다. 그래서 정신분석학은 이들 질병에 접근하지 못한다. 우울증은 초자아와 같은 지배 기관에서 비롯하는 억압의 결과가 아니다. 우울증 환자의 경우 억압된 심리적 내용에 대한 간접적 단서를 제공할 "전이"는 일어나지 않는다.

자유와 탈규제의 이념을 앞세운 오늘날의 성과사회는 규율사회에서 핵심적인 기능을 수행하는 장벽과 금지를 대량으로 해체한다. 부정성의 해체는 성과를 높이기 위한 것이다. 전반적으로 경계가 사라지고 장벽이 무너지면서, **총체적인 난교 상태**가 초래된다. 여기서는 어떤 억압의 에너지도 발생하지 않는다. 고개를 든 충동이 엄격한 성도덕에 막혀 배출되지 못하는 상황이 아니라면, 프로이트가 동성애의 억압을 그 원인으로 지목한 다니엘 파울 슈레버의 편집증적 망상도 생겨나지 않았을 것이다. "슈레버 케이스"는 동성애는 물론 쾌락 자체를 엄격히 금지한 19세기 규율사회의 전형적인 사례이다.

　우울증에는 무의식이 연루되지 않는다. 우울증에 걸린 성과주체의 심리장치에서 무의식은 더 이상 결정적 의미를 지니지 못한다. 그러나 에랭베르는 여전히 무의식의 개념을 고수하며, 그 바람에 논증은 삐걱거린다. "사회적, 정신적 전도를 이해하는 데 도움을 준 것은 우울증의 역사다. 파죽지세로 확산된 우울증은 20세기 전반에 주체가 겪은 변형의 두 차원을 관통한다. 하나는 심리적 해방과 정체성의 불확실성이고 다른 하나는 개인의 주도권과 행동하지 못하는 무기력이다. 이 두 차원은 몇몇 인간학적 위험을 뚜렷이 보여준다. 그 위험이란 정신의학에서 신경증적 갈등이 스스로의 부족함을 탓하는 우울증적 감정으로 뒤집어지는 데 있으며, 그 결과 개인은 제어할 수 없는 어떤 미지의 존재, 서양인들이 무의식이라 불러온 이 소거될 수 없는 부분에서 나오는 메시지에 직면하게 된다. […]"[45] 우울증은 에랭베르에 따르면 "제어할 수 없는 것" "소거할 수 없는 것"[46]을 상징한다. 우울증은 "무제한의 가능성과 제어할 수 없는 것의 충돌"[47]에서 비롯한다. 그렇다면 우울증은 주도권을 가지려고 애쓰는 주체가 제어할 수 없는 대상을 만나 좌초한 상태를 가리킨다고 할 수 있을 것이다. 그러나 제어할 수 없는 것, 소거할 수 없는 것, 미지의 것은 무의식과 마찬가지로 부정성의 형상으로서, 과잉된 긍정성이 지배하는 성과사회에서는 더 이상 본질적 요소가 되지 못한다.

프로이트는 우울을 나르시시즘적 동일화를 통해 자아의 일부로 내면화된 타자와의 파괴적 관계로 파악한다. 타자가 내면화됨에 따라 본래 타자와의 갈등도 내면화되어 갈등에 찬 자기관계로 변형되고, 이는 결국 자아의 빈곤과 자기공격으로 이어진다. 반면 오늘날 성과주체가 앓는 우울증에는 어떤 상실된 타자와의 갈등적 관계가 선행하지 않는다. 우울증에는 **타자의 차원**이 연루되어 있지 않다. 빈번히 소진증후군의 결과로 나타나는 우울증의 또 다른 원인으로는 오히려 과다하게 긴장되고 과다하게 고조된, 상궤를 넘어서 파괴적 양상을 나타내는 자기관계를 꼽을 수 있을 것이다. 소진된 우울한 성과주체는 자기 자신에 괴롭힘을 당해 녹초가 된 것처럼 보인다. 그는 지치고, 자기 자신에게 진이 빠진 상태다. 그는 자기 자신과 전쟁을 치르고 있다. 그는 자기 밖으로 걸어 나오지 못하고, **바깥에 있지** 못한다. 그는 **자기**를 떠나 **타자**를 향해, **세계**를 향해 나아갈 줄 모른 채, 온통 자기 자신에만 열중하지만, 이는 역설적으로 자아의 공동화를 초래할 뿐이다. 주체는 자기를 중심으로 점점 더 빨리 돌아가는 다람쥐 쳇바퀴 속에서 마멸되어간다.

새로운 미디어와 커뮤니케이션 기술도 **타자를 향한 존재**를 미약하게 만든다. 가상세계에서는 **타자성**과 그것의 **저항성**이 약화된다. 가상공간에서 자아는 사실상 "현실 원리"—그것은 다른 말로 하면 **타자의 원리이자 저항의 원리**일 터인데—에서 벗어나 자유롭게 움직일 수 있다. 나르시시즘적 자아는 가상세계의 상상적 공간 속에서 누구보다도 자기 자신을 만날 뿐이다. 가상화와 디지털화는 실재를 점점 더 제거한다. 무엇보다도 그 저항적 성질로 존재감을 지니는 **실재**는 이중의 의미에서 **붙들기**Halt이다. 그것은 중단시키고 막을 뿐만 아니라 붙들어주고 뒤를 받쳐준다.

과다한 선택 가능성이 주어져 있는 후기근대적 성과주체는 **강렬한 애착**의 능력이 없다. 우울증에서는 모든 애착 관계가 끊어진다. 심지어 자신에 대한 애착마저도 사라진다. 슬픔은 대상에 대한 강한 리비도적 애착을 포함한다는 점에서 우울증과 구별된다. 우울증은 대상이 없으며, 따라서 **방향**도 없다. 우울증은 우울과도 구별할 필요가 있다. 우울은 상실의 경험을 전제로 한다. 따라서 우울은 그래도 여전히 어떤 관계 속에서, 더 정확히 말하면 **부재하는 자와의 부정적 관계** 속에서 나타난다. 반면 우울증은 모든 관계에서, 모든 애착에서 분리되어 있다. 우울증에는 어떤 **중력**도 없다.

슬픔은 강력한 리비도에 점유된 대상이 상실될 때 발생한다. 슬퍼하는 사람은 마음이 온전히 사랑하는 **타자** 곁에 머물러 있다. 후기근대의 에고는 리비도적 에너지 대부분을 자기 자신을 위해 사용한다. 쓰고 남은 리비도는 끊임없이 늘어나는 연락처와 일시적인 관계에 배분하고 흩어버린다. 매우 약한 리비도를 타자에게서 빼내어 새로운 대상들에 투입하는 것은 대단히 간단한 일이다. 아주 길고 고통스러운 "애도"는 불필요하다. 소셜 네트워크의 '친구들'은 무엇보다도 소비자로서 상품처럼 전시된 에고에 관심을 선사함으로써 나르시시즘적인 자존감을 고조시키는 역할을 한다.

알랭 에랭베르는 우울과 우울증을 단순히 양적으로 구별할 수 있다고 가정한다. 그에 따르면 어딘지 엘리트적 분위기가 감도는 우울은 오늘날 민주화의 과정을 통해 우울증이 된다. "우울이 비범한 인간에게 특징적으로 나타나는 속성이었다면, 우울증은 **비범한 것의 대중화**를 통해 나타난 현상이다."**48** 우울증은 "우울 더하기 평등이며 민주적 인간의 전형적 질병이다." 에랭베르는 우울증을 니체가 예언한 독립적 인간이 대중적 현실이 된 시대에 고유한 현상으로 파악한다. 이에 따르면 우울증 환자는 "자기 자신의 독자적 권능에 소진된" 인간, 자신의 주인이 될 힘이 더 이상 없는 인간이다. 그는 "주도적으로 되어야 한다는 끝없는 요구"에 지쳐버렸다. 우울증에 관한 이런 특별한 원인 규명으로 인해 에랭베르는 모순에 빠지고 만다. 왜냐하면 이미 고대부터 알려진 우울은 근대나 후기근대의 개인을 특징짓는 독자적 권능이라는 관념에서 출발하여 이해할 수 있는 것이 아니기 때문이다. 고대의 우울병자는 "자신의 주인이 될" 힘, 또는 "자기 자신이고자 하는 열정"이 사라진 우울증 환자와는 완전히 다른 존재다. 우울증이 과도한 긍정성의 산물이라면, 우울은 히스테리나 슬픔과 마찬가지로 부정성의 현상이다. 그래도 우울증과 민주주의 사이에는 어떤 연관성을 상정할 수 있지 않을까? 민주주의에 결단을 통해 종결짓는 힘이 결핍되어 있다는 카를 슈미트의 견해에 따른다면, 우울증은 민주주의에 특징적으로 나타나는 질병이다. **일도양단적인 결단의 폭력**은 질질 끄는 갈등이 생겨날 여지를 아예 처음부터 차단한다. 그렇게 본다면 우울증의 특징은 "갈등과의 끈을 상실"한 데 있는 것이 아니라 **종결의 형식**[49]을 낳고 보상의 심급으로 기능하는 **객관적인 결단 기관**에 연결되는 끈이 존재하지 않는 데 있다고 할 수 있을 것이다.

에랭베르는 우울증을 전적으로 자아의 심리학과 병리학이라는 측면에서 바라보며, 경제적 맥락은 고려하지 않는다. 흔히 우울증에 선행하여 나타나는 소진증후군은

"자기 자신의 주인이 될" 힘이 빠진 독립적 개인의 문제가 아니며, 오히려 **자발적인** 자기 착취의 병리적 결과다. 나를 확장하고, 변모시키고, 재창조하라는 명령은─이 명령의 이면이 우울증이거니와─정체성과 연결된 제품의 공급을 전제한다. 그래서 사람들이 정체성을 자주 바꿀수록 생산은 더욱 활발해진다. 규율적인 산업사회가 변하지 않는 정체성을 기반으로 했다면, 성과 중심의 후기산업사회는 생산을 촉진하기 위해 유연한 인간을 필요로 한다.

에랭베르의 중심 테제는 다음과 같다. "우울증의 성공 요인은 19세기 말의 유산인 주체 개념이 자신의 기반인 갈등과의 연결을 상실했다는 데 있다."[50] 에랭베르에 따르면 갈등은 구성적 기능을 담당한다. 개인적인, 또는 사회적인 정체성을 이루는 구성 요소들은 "**갈등을 통해 상호결합**"[51]되기 때문이다. 정치적인 삶에서나 사적인 삶에서나 갈등은 민주적 문화의 규범적 핵이다.[52] 갈등에서 어떤 난관을 통해 관계가 발생한다면, 우울증은 그 난관을 덮어 가린다. 그리하여 갈등은 인격의 통일성을 수립하지 못하게 된다.

갈등 모델은 고전적 정신분석학을 지배한다. 치유는

내면의 심리적 갈등이 존재한다는 것을 인식할 때, 즉 분명히 의식으로 끌어올릴 때 이루어진다. 갈등 모델은 억압이나 부정과 같은 부정성의 원리를 전제한다. 따라서 이 모델은 부정성이 완전히 결여되어 있는 우울증에는 들어맞지 않는다.

에랭베르는 갈등과의 연결이 끊어졌다는 것에서 우울증의 특징을 인식하기는 하지만 그래도 여전히 갈등 모델을 고집한다. 에랭베르에 따르면 우울증의 바탕에는 은폐된 갈등이 있다. 게다가 이 은폐된 갈등마저도 중독성 있는 항우울제의 투여를 통해 더 깊숙이 뒤로 밀려난다. 갈등은 더 이상 "확실한 지도자가 아니다." "결핍의 보완, 냉담한 마음의 자극, 충동적 성향의 조절, 강박행동의 제압은 중독을 우울증의 이면으로 만든다. 한 손으로는 개인의 발전이라는 복음을 전하고, 다른 손으로는 성과와 능력에 대한 숭배를 조장하더라도 갈등은 사라지지 않는다. 다만 갈등은 그 명백성을 상실할 뿐이다. 갈등은 더 이상 확실한 지도자가 아니다."[53] 실제로 우울증은 갈등 모델에서, 즉 정신분석학에서 완전히 이탈한다. 에랭베르는 **정신분석학의 조건이 소멸한 후의 상황에서** 정신분석학을 구원하려고 시도한다.

에랭베르가 우울증과 연관 짓는 "탈갈등"은 전반적인 **사회의 긍정화**와 연관된 현상으로 보아야 한다. 사회의 탈이데올로기를 동반하는 이러한 긍정화 경향 속에서 사회적, 정치적 사건은 더 이상 이데올로기나 계급 간의 **투쟁**―이제는 이런 말 자체가 고색창연한 느낌을 준다―으로 규정되지 않는다. 그러나 사회의 긍정화가 폭력을 폐지하는 것은 아니다. 폭력은 투쟁이나 갈등의 부정성에서만 나오는 것이 아니다. 동의의 긍정성에서도 폭력이 생겨난다. 모든 것을 집어삼키는 듯이 보이는 자본의 전체주의는 **동의적 폭력**으로 나타난다.

성과사회의 위기와 관련하여 에랭베르가 믿는 것과는 달리 오늘날 투쟁이 집단, 이데올로기, 계급 사이에서가 아니라 개인 사이에서 일어난다는 사실이 그렇게 결정적인 의미가 있는 것은 아니다. 문제는 개인 간의 경쟁 자체가 아니라 그 경쟁이 가지는 자기관계적 성격이다. 이로 인해 경쟁은 **절대적 경쟁**으로 첨예화된다. 즉, 성과주체는 자기 자신과 경쟁하며 자기 자신을 뛰어넘어야 한다는 파괴적 강박에 빠진다. 여기서 성과는 다른 사람들의 성과와 비교되지 않는다. 이제는 다른 사람들을 능가하고 이기는 것이 문제가 아니다. 투쟁은 자기관계적으

로 된다. 그러나 자신을 이기고, 자신을 뛰어넘으려는 시
도는 치명적인 결말로 치닫는다. 자기 자신과의 경쟁은
치명적이다. 그것은 **자신의 그림자를 따라잡으려는** 무모한
시도와 다를 바 없다.

  규율사회에서 성과사회로의 이행에서 초자아는 **이상자
아**로 긍정적 변신을 이룬다. 초자아는 억압적이다. 초자
아는 무엇보다 금지를 선포한다. 초자아는 "강압적인 당
위의 가혹하고 잔인한 성질"과 "엄격하게 제한하고, 무자
비하게 금지하는 성격"으로 자아를 지배한다. 복종주체
가 초자아에게 **자신을 예속**시키는 데 반해 성과주체는 이
상자아를 향해 **자신을 기획**한다. 예속과 기획은 삶의 두
가지 상이한 양태다. 초자아에게서는 부정적 강제가 나
온다. 반면 이상자아는 자아에게 긍정적 강제력을 행사
한다. 초자아의 부정성은 자아의 자유를 제한한다. 반면
이상자아를 향한 자기 기획은 자유의 행위로 해석된다.
그러나 도달 불가능한 이상자아 앞에서 자아는 자기 자
신을 결함이 많은 존재로, 낙오자로 인식하며 스스로에
게 자책을 퍼붓는다. 현실의 자아와 이상자아 사이의 간
극에서 자기공격성이 발생한다.[54] 자아는 자기 자신을 투
쟁의 대상으로 삼고, 자기 자신과 전쟁을 벌인다. 스스로

모든 타자의 강제에서 해방된 것으로 믿는 긍정성의 사회는 파괴적인 자기강제 속에 엮여서 빠져나오지 못한다. 21세기의 주요 질병으로 떠오른 소진증후군이나 우울증 같은 정신 질환은 모두 자기공격적 특성을 나타낸다. 자아는 스스로에게 폭력을 가하고, 자기 자신을 착취한다. 타자에게서 오는 폭력이 있었던 자리에 스스로 생성시킨 폭력이 들어선다. 이 폭력은 희생자가 스스로 자유롭다고 착각하는 까닭에 타자의 폭력보다 치명적이다.

4. 폭력의 정치

4. 1. 친구와 적

카를 슈미트에 따르면 정치적인 것의 본질은 친구와 적
의 구별이다.[55] 정치적 사고와 정치적 본능은 "친구와 적
을 구별할 수 있는 능력"[56] 외에 다른 것을 의미하지 않
는다. "친구/적"은 정치 시스템을 다른 시스템과 구별
해주는 이분법적 코드가 아니다. 왜냐하면 정치적인 것
은 여러 시스템 가운데 하나의 시스템, 어떤 "전문분
야Sachgebiet"가 아니기 때문이다. 도덕이라는 "전문분
야"―"시스템"이라고 부를 수도 있을 것이다―는 "선/악"
의 이분법적 코드로 규정된다. 또한 미학 시스템을 규정
하는 것은 "미/추"의 코드다. 그러나 정치는 전문분야가

아니다. 따라서 "친구/적"의 구별은 어떤 전문분야나 사회 시스템을 구성하는 이분법적 코드와는 근본적으로 다른 어떤 것이다. 전문분야와 그것을 구성하는 이분법적 대립은 단지 일정한 사실관계만을 아우른다. "미"나 "선"은 어떤 대상의 술어이다. 인간 역시 아름다울 수 있고 선할 수 있다. 그러나 그것은—슈미트라면 이렇게 주장할 것이다—모두 **대상관련적인**sachlich 규정일 뿐이다. 반면 "친구와 적"의 대립은 대상관련적 구별이 아니라 "존재론적seinsmäßig", **실존적** 구별이다. 적은 반드시 도덕적으로 악하거나 미적으로 추해야 하는 것은 아니다. 대상에 관한 대립은 "결합이나 분리, 연합이나 분열의 극단적인 강도"[57]에 도달할 때에만 "친구/적"이라는 실존적 대립으로 전화할 수 있다. 이를테면 "선/악"의 도덕적 대립은 오직 **실존화**를 통해 정치적 차원에 이를 수 있다. 종교와 경제도 미학이나 도덕과 마찬가지로 일단은 전문분야에 지나지 않는다. 종교와 경제 역시 대상적 구별의 기초 위에 세워져 있다. 그러나 어떤 종교 공동체가 종교적 확신에서 전쟁을 벌인다면, 즉 적과 투쟁한다면, 그 순간부터 그들의 행동은 정치적인 것이 된다. "친구/적 대립에 따른 현실적 집단 형성은 너무나 강력하고 결정적이어서, 어떤 비정치적 대립이 일단 이러한 집단 형성을 야기하고 나면 그때부터는 지금까지의 '순수하게' 종교적인, '순수하게' 경제적인, '순수하게' 문화적인 기준과 동기는 뒤로 밀리고, 그리하여 '순수하게' 종교적인, '순수하게' 경제적인, 혹은 다른 어떤 '순수한' 관점에서 보았을 때는 때로 매우 일관성이 없고 '비합리적'으로 보이는 완전히 새롭고 독특한 정치적 상황의 조건과 결론이 비정치적 대립을 지배하게 된다." 이때 전문분야의 실존화는 전문 분야에서 본래의 대상관련성을 박탈하고 그 대신 비합리적 특성을 부여한다. 슈미트에 따르면 **대상관련적 전쟁**이란 것은 존재하지 않는다.

슈미트에게 공동체는 적에게 실존의 위협을 받고 자신을 지키기 위해 적과 맞서야 하는 순간, 그러니까 전쟁의 순간에 정치적으로 된다. 폭력의 현실적 가능성은 정치적인 것의 본질을 이룬다. 싸움은 국가 사이에서만이 아니라 한 국가 내부에서도 벌어진다. 한 국가는 내부의 적에 직면하고 있다는 사실만으로도 내부적 정치성을 지닌다. 따라서 모든 국가는 "국가 내부의 적을 선포하는 장치"[58] ─ 그리스의 여러 공화국 국법과 로마 국법에서는 이를 각각 폴레미오스polemios 선언, 호스티스hostis 선언이라고 불렀다 ─ 를 가지고 있으며, 이는 파문, 추방, 법적

보호의 박탈, 사크라티오sacratio(이 책 193쪽 참조 - 옮긴이) 등
의 형태로 작동한다.

슈미트가 강조하는 바에 따르면, 친구와 적의 실존적
대립은 진정으로 정치적인 것을 단순히 "사회적-연합적
인 것"[59]과 구별하는 데 "충분"한 표지가 된다. 슈미트도
하이데거처럼 사회와 공동체를 구별한다. 오직 공동체
만이 정치적 에너지를 만들어낸다. 이에 반해 사회는 "연
합"일 뿐이다. 사회에는 투쟁을 향한 **의지, 내적 성향, 단호
함**이 결여되어 있다. 그렇다. 자기 자신을 향한 결연함이
없는 것이다. 경제적으로 조직된 사회는 "비폭력적인" 방
식으로 적수를 무너뜨릴 수 있다. 그렇다 해도 사회는 정
치적 단위가 아니다. 적수는 "적"이 아니고 그저 "경쟁자"
일 뿐이기 때문이다. 슈미트는 전쟁을 다른 수단을 통한
정치의 연장 정도로 규정하는 데 만족하지 못한다. 그에
게 전쟁은 **정치 그 자체**이다.

슈미트에 의하면 적대관계는 정체성 구성에 필수적이
다. **나**는 오직 타자, 적에 대한 면역저항 덕택에 **나 자신**이
될 수 있다. 그리하여 "단 하나의 진짜 적을 갖지 못하고
여러 적을 가진다는 것"은 "내적 분열의 징표"다. 적을 명

백히 규정하지 못하는 무능함은 자아 정체성 결핍의 증상으로 해석된다. 다수의 적은 자아를 산만하게 만든다. 단 하나의 적에 직면했을 때 비로소 자아는 선명하고 확실한 윤곽을 드러낸다. "적은 우리 자신의 형상에 관한 문제다. […] 이런 이유에서 나는 나 자신의 고유한 치수와 경계, 고유한 형태를 갖추기 위해 적과 대결하지 않으면 안 되는 것이다."[60]

슈미트에게 큰 정치의 정점은 적과의 화해나 교류가 이루어지는 순간이 아니라, "적이 적으로서 구체적이고 분명하게 인식되는 순간"이다.[61] 대화나 타협이 아니라 전쟁과 분쟁이 정치적인 것의 기초를 이룬다. "중요한 것은 언제나 갈등 사안뿐이다."[62] 갈등의 해결이 정치적인 것이 아니라, 오히려 갈등 사안의 근저에 있는 적대관계가 정치적인 것을 정초한다. "전쟁Kriegsfall"[63]은 본래 의미의 정치가 중단되는 경계 지점의 사태가 아니다. 오히려 전선戰線이라는 **경계**가 정치적인 것의 **공간**을 결정한다. 비상사태란 한 공동체의 모든 정규적 조건이 효력을 상실하는 경우를 가리킨다.[64] 비상사태는 이 모든 조건을 벌거벗은 존재로 환원한다. 규범적인 것은 실존적인 것에 완전히 밀려난다. 이렇게 **실존**이 순수하게 나타나는 절체절명의 비상사태에 정치적인 것도 모습을 드러낸다. "전쟁, 죽음을 각오한 인간들의 싸움, 적진에 속한 다른 사람들에게 행해지는 살육, 이 모든 것은 어떤 규범적인 의미도 없고 다만 실존적 의미만이 있을 뿐이다. 그것은 어떤 이상이나 계획, 규범 속에서의 의미가 아니라, 진짜 적과 전투를 벌이는 실제 상황에서의 의미다."[65] 전쟁은 규범적으로 합리화될 수 있는 것이 아니다. 전쟁에 대해서는 오직 실존적 합리화만이 가능하다. 아니, 전쟁의 합리화Rechtfertigung란 애초에 가능하지 않은 것이다('합리화'로 번역한 독일어 단어 Rechtfertigung에는 법Recht이라는 단어가 들어 있다 – 옮긴이). 규범은 정상상태, "정상적 상황"[66]의 기반이다. 반면 정치적 상황은 규범이 더 이상 가닿을 수 없는 "완전히 비정상적인" "위기 상황"이다. 슈미트는 전쟁을 모든 정규성에서 벗어나 있는 상황으로 파악한다. "전쟁은 어떤 이상이나 법 규범을 목표로 한다는 점이 아니라 실재하는 적을 상대로 수행된다는 점에 그 본질이 있다."[67]

슈미트에게 정치는 일이 아니다. 정치는 계측 불가능한 것의 긴장을 먹고 자란다. "계측"에는, 혹은 관리나 행정에는 어떤 긴장도 존재하지 않는다. "사회"는 "정치적으로 통합된 국민"을 그저 "문화적 관심을 지닌 관중"으로 흩어놓는다. 슈미트가 말하는 정치적인 것의 개념은 **현존재의 형식으로서** 하이데거의 '본래성의 은어隱語'를 연상시킨다. 하이데거가 말하는 "세인Man"은 어떤 역사적 결단의 자세도 보이지 않는다는 점에서 슈미트적 의미에서 비정치적이다. 슈미트라면 세인은 경쟁할 수는 있어도 투쟁의 능력은 없다고 말할 것이다. 게다가 세인은 **결단**을 내려야 할 **상황**에서 달아난다. "세인은 어디나 다 끼어든다. 그러나 삶이 결단을 촉구하는 때면 언제나 슬그머니 빠져버리는 것이 그들이다."[68] 슈미트의 《정치적인 것의 개념》이 출간된 지 1년 후에 행한 총장 취임 연설(1933)에서 하이데거는 "공동체적으로 조율된 말"에 인도되는 "투쟁 공동체"[69]를 주장한다. 이에 따르면 **존재**는 투쟁이다. 그 속에서 존재는 정치적 차원을 획득한다.

슈미트에 따르면 정치적인 것에서 문제는 결정의 투쟁, **단호하게 베어내는 결단의 폭력**이다. 결단은 토론을 불필요하게 만든다. 하이데거라면, 세인은 토론한다고 덧붙일 것이다. 토론에는 결정의 폭력이 없다. 결단을 특징짓는 결정적 타격이 토론에는 없는 것이다. 그래서 슈미트는 토론에 관해서라면 그저 폄하하는 말밖에 할 줄 모른다. "그래서 투쟁이라는 정치적 개념이 자유주의적 사고에서는 […] **토론으로** 대체된다. […] 명쾌한 구별의 자리를 […] 영원한 경쟁과 영원한 토론의 동역학이 대신한다."[70] 주지하다시피 슈미트는 의회주의의 단호한 반대자다. "의회Parlament"라는 단어는 프랑스어 동사 "parler"(말하다)에서 나왔다. 이에 따르면 서로 말을 나누는 것, 즉 토론이야말로 정치적인 것의 본질이다. 독재는 어떤 토론도 필요로 하지 않는다. 독재는 언어를 명령으로 환원한다. 명령은 말하기Parler가 아니다. 슈미트에게 **언어의 의회화, 영혼의 의회화**는 곧 타락을 의미할 것이다. 슈미트의 영혼은 늘어지는 개방적 말하기를 견디지 못한다. 말하기Parler는 영원히 끝나지 않는, 어떤 최종적 결정에도 이르지 못하는 잡설Palaver로 강등된다. 단어 'Dezision'(결단, 결정)의 어원은 '잘라내다'를 의미하는 라틴어 동사 'decidere'다. 타자, 적의 목을 끊어버림으로써 결단이 내려진다. 결단은 타자의 말을 끊어버리는 것이다. 결단은 칼에 의한 중재 없는 결정이다. 폭력이 결단의 기초를 이룬다. 정치적인 것의 매체로 기능하는 토론은 전혀 다른 정신을 따른다. 이러한 정치에서는 투쟁이 아니라 타협이 핵심이다.

슈미트는 타협을 모르는 이분법적 대립 속에서 사고한다. 이것이냐 저것이냐가 그의 사고, 그의 **영혼**의 기본 공식이다. 날카로운 절단이 그의 세계를 표현한다. 낭만적인 것에 대한 슈미트의 비판도 그가 다의성과 양가성을 인정하지 못한다는 데서 그 원인을 찾을 수 있다. 낭만적으로 파악된 세계는 그에게 "실체도, 어떤 기능적 구속도, 확고한 안내도, 결론도, 정의도, 결정도, 최후의 심판도 없는 세계"[71]다. 그래서 낭만주의자 아담 뮐러는 "무엇이든 중재하려 드는 병적 집착, '온 세상이라도 끌어안을 듯이' 사랑할 것도, 진정 미워할 것도 남겨놓지 않는 관용"을 보인다는 이유로 비난받는다. 또한 뮐러에게서 비판할 것은 "감정적으로 늘 모든 것에 동의하는, 모든 것을 다 좋다고 받아들이는 범신론"과 남성적이고 야수적인 성질에 반대되는 "여성적이고 식물적인 본성"[72]이다. 그러니까 정치적 실존은 식물적이기보다 야수적이다. 정치는 화해하고 중재하는 것이 아니라, 습격하고 제압하는 것이다. 삶은 "진짜 투쟁", "이 극단적 가능성"에서, 즉 폭력에서 그 "특유한 **정치적** 긴장"을 얻는다. 따라서 슈미트에게 자기 외부에 적을 두지 않는 초국가적 세계공동체는 정치적 단위일 수 없다. "그런 투쟁의 가능성이 완벽하게 제거되어 사라져버린 세계, 궁극적 평화를 이룬 지구, 그것은 친구와 적의 구별이 없는 세계, 즉 정치가 없는 세계이다."[73]

슈미트의 폭력의 정치학은 정치적인 것을 넘어서 그의 **영혼**까지 규정짓는 **동일성의 정치학이다.** 그의 공수증恐水症도 이러한 동일성 강박에서 비롯한다. 슈미트에게 물은 확고한 경계 표시를 허용하지 않는 까닭에 매우 커다란 두려움을 불러일으키는 요소다. 물은 그 속에 아무것도 새겨 넣을 수 없기에 어떤 성격도 나타내지 않는다. "바다는 공간과 법, 질서와 정위定位의 그런 뚜렷한 통일성을 알지 못한다. […] 바다에는 또한 […] 확고한 선을 새겨 넣을 수도 없다. […] 성격Charakter을 그 말의 근원적 의미로 이해한다면 바다에는 성격이 없다. 성격은 '새기다', '파다', '각인하다'를 뜻하는 그리스어 카라세인 charassein에서 유래한 개념이기 때문이다."[74] 슈미트는 특별한 "땅의 존재", "땅 위를 걷는 자"[75]다. 그는 오직 견고한 구별과 이분법 속에서 사고하고, 부유하는 것, 구별 불가능한 것에는 전혀 가까이 가지 못한다.

슈미트의 동일성의 정치학은 어마어마한 파괴적 에너지를 방출한다. 그러나 이 폭력은 외부로 향해 있다. 즉,

갈등하는 모든 에너지를 자아에서 타자의 방향으로 배출시켜 외부화하는 까닭에 내부적으로는 오히려 안정시키는 작용을 할 수 있는 것이다. 적인 타자를 겨냥한 폭력은 자아에게는 견고함과 안정성을 준다. 폭력은 정체성 형성에 기여한다. 적은 슈미트가 말하는 것처럼 "우리자신의 형상에 관한 문제"다. 자아는 적에 직면한 다음에야 "자신의 고유한 치수, 고유한 경계, 고유한 형태"를 획득한다. 적으로서의 타자가 명확한 표시를 통해 **배제**됨과 함께 그 반대편에 **완결적인** 명료한 자아상이 만들어진다. 적에 대한 표상이 분명할수록 나 자신의 형상도 윤곽이 뚜렷해진다. 적의 표상과 자아의 표상은 상호 제약 관계에 있다. 적의 표상은 자아의 표상을 낳고, 그 역도 성립한다. 그래서 타자를 향한 파괴적 에너지는 견고한 경계를 갖춘 자아의 형성에 건설적 역할을 한다.

"성격"은 부정성의 현상이다. 성격은 배제와 부정을 전제하기 때문이다. "단 하나의 진짜 적이 아니라 여러 적을 갖는 것"은 성격의 허약함, 더 나아가 성격의 결여를 나타내는 징후일 것이다. 성격은 이러한 부정성에도 불구하고, 또는 바로 그 부정성 때문에 자아에 형태를 부여하고 안정성을 제공하는 형상으로서 기능한다. **날카롭게**

가르는 결단과 배제의 폭력은 이렇듯 "성격"을 견고하게 만들어주지만, 오늘날의 성과사회와는 양립하기 어렵다. 성과사회에서 중요한 것은 무엇보다도 자신을 고정시키지 않는 것이기 때문이다. 성과주체는 **유연한 인간**이 되어야 한다. 이러한 변화는 특히 경제적 요인과 관련되어 있다. 경직된 정체성은 오늘날 생산관계의 가속화 경향에 방해 요소로 작용한다. 지속성, 항상성, 연속성은 성장을 가로막는다. 성과주체는 늘 떠다니는 중이기 때문에 자아의 최종적인 "정위定位"도 명료한 윤곽의 확정도 불가능하다. 복종주체, 규율주체가 견고한 성격을 갖추어야 한다면, 이상적인 성과주체는 모든 일에 **동원 가능한, 성격이 없는, 성격에서 자유로운** 인간일 것이다. 성과주체는 부유 상태 속에서 어느 정도까지는 자유의 감정을 맛볼 수 있다. 그러나 이 상태가 계속되면 심리적 소진에 이르게 된다.

정형술적, 심리교정적 억압은 파괴적이기만 한 것은 아니다. 그것은 영혼에 **형태**를 부여하고 일정한 **자리**에 배치한다. 부정성의 완전한 소멸은 형태를 무너뜨리고, 안정 상태를 교란한다. "정위"가 이루어지지 않을 때 영혼은 안착하지 못한다. 영혼은 안정을 잃고 불안하여 안절

부절못하는 상태가 된다. 안정적이고 객관성 있는 정체성과 방향성의 표본이 파괴되면, 심리적 불안정성과 **성격장애**가 나타난다. 자아의 미완결성과 완결 불가능성은 자유롭게 할 뿐만 아니라 병도 안겨준다. 우울증에 걸린 성과주체는 말하자면 **성격이 없는 인간**이라고 할 수 있을 것이다.

오늘의 성과사회는 **친구/적**이라는 면역학적 도식이 지배하는 사회가 아니다. 슈미트가 말하는 것처럼 "경쟁자"는 적이 아니다. 경쟁한다는 것은 말 그대로 **같이** 달리는 것이다. 경쟁은 하나의 **대상**을 두고 다투는 경주다. 반면 적대관계에서는 어떤 대상이 아니라 실존 자체가 걸려 있다. 경쟁관계는 바로 이러한 **실존적 긴장**, 자아로 하여금 명확한 자아 표상을 갖게 해주는 적대관계의 부정성을 알지 못한다. 후기근대의 성과주체는 점점 더 부정성의 짐에서 벗어난다. 성과주체는 적과도, 주권자와도 맞서지 않는다. 더 많은 성과를 올리도록 강요하는 타자의 심급은 존재하지 않는다. 성과주체는 오히려 스스로 그렇게 하도록 강요하고 자기 자신을 상대로 전쟁을 벌인다.

타자는 일단 저항으로서 모습을 드러낸다. 저항성이

완전히 소멸한다면 타자는 **동일자**로 순치될 것이다. 적대 관계는 대단히 큰 마찰을 일으키는 타자와의 관계다. 사회가 긍정화됨에 따라 후기근대의 개인은 점점 더 타자의 부정성에서 벗어난다. 그의 자유는 타자로부터의 자유라는 형태를 취한다. 그러한 자유는 결국 병적으로 과도한 자기관계로 전화된다. 이와 함께 외부와의 관계, 대상과의 관계, 세계와의 관계는 점점 더 사라져간다. 새로운 미디어와 의사소통 형식은 이러한 경향을 더욱 촉진한다. 내가 들어가서 걸어다닐 수 있는 가상공간도 타자에게서 오는 것과 같은 저항으로 내게 다가오지는 않는다. 가상공간은 투사Projektion 공간으로서, 후기근대의 개인은 그 속에서 자기 자신과 마주칠 뿐이다.

복종주체와 규율주체는 타자와 마주하고 있다. 그 타자는 때로는 신, 때로는 주권자, 때로는 양심의 모습을 취한다. 복종주체와 규율주체는 억압과 징벌뿐만 아니라 보상도 모두 관장하는 어떤 외부적 권위에 예속되어 있다. 반면 성과사회의 주체를 규정하는 것은 나르시시즘적 자기관계성이다. 성과주체는 타자를 통한 보상이 주어지지 않기 때문에 점점 더 많은 성과를 창출해야 한다는 강박에 빠진다. 경쟁관계 속에 아직 남아 있는 타자의 부정성마저 성과주체와는 관계가 없다. 성과주체는 궁극적으로 자기와 경쟁하며 자신을 뛰어넘으려고 시도한다. 이로써 치명적인 경주가 시작된다. 언젠가 실신할 때까지 **자기 주위를** 끝없이 맴도는 경주.

우울증은 나르시시즘적 장애로 이해할 수 있다. 우울증의 출발점은 **타자**와의 관계가 무너지는 순간, 외부적 관계, 세계와의 관계가 사라지는 순간이다. 자기 자신을 맴돌고 자기 속을 파먹어 들어가는 모든 나르시시즘적 주체는 우울증의 위험에 노출되어 있다. 고통스러운 자신에의 몰두는―슈미트의 표현을 사용한다면―자기관계성으로 인해 자아의 "고유한 형상"을 낳을 수 없다. 그리고 이는 자신의 외부에 상상적인 적을 구성하게 만드는 원인이 된다. 왜냐하면 자신의 무게에 짓눌리고 자신을 통해 지칠 대로 지친 영혼, 자신과 전쟁 상태에 있는 영혼은 상상의 적을 통해 짐을 덜 수 있기 때문이다. 이런 식으로 상상적으로 만들어진 적의 표상은 자아가 객관화할 수 있는 "형상"을 갖추는 데 도움이 된다. 자아는 이로써 무기력한 나르시시즘적 자기관계에서 해방되고 공허한 주관성의 구렁에서 빠져나올 수 있다. 오늘날 퍼져 있는 외국인 혐오는 이러한 상상적 특성을 나타낸다.

자아를 중심으로 점점 더 빨리 돌아가는 나르시시즘적 다람쥐 쳇바퀴에서 해방되기 위해서는 **타자**와의 관계가 다시 수립되지 않으면 안 될 것이다. 다만 그 관계는 부정성의 폭력과 결부되어 있는 슈미트적 의미의 친구/적 도식 너머에서 만들어져야 할 것이다. 즉, 타자를 다르게 구성하는 작업, 파괴적인 면역저항을 촉발하지 않도록 **타자를 재구성**하는 작업이 필요한 것이다. 내가 타자의 다름을, 타자의 그러함So-Sein을 그대로 용인하고 긍정하는 그런 타자와의 관계가 가능하지 않을까. **그러함에 대한 긍정**을 다른 말로 하면 **우의**Freundlichkeit다. 우의는 타자를 그저 소극적이고 무관심한 태도로 내버려두는 것이 아니라 적극적인 관여의 태도로 타자의 그러함과 관계 맺는 것을 의미한다. 우의의 감정은 오직 타자, 낯선 자를 만났을 때만 깨어난다. 그와 나 자신 사이의 차이가 크면 클수록 내가 그에게 전해주는 우의의 강도도 더 커진다. 동일한 자에 대해서는 우의도 적대도, 긍정도 부정도, 환영도 거부도 불가능하다.

우의의 정치는 관용의 정치보다 더 개방적이다. 관용은 본래 보수적인 실천 양식이다. 이때 다름은 그저 묵인될 따름이다. 관용은 여전히 견고한 자아 표상, 명확한 윤곽을 지닌 정체성에 묶여 있다. 사람들은 계속해서 타자와 자기 사이에 엄격히 선을 긋는다. 게다가 관용에는 지배의 요소가 없지 않다. 관용이란 권력을 가진 다수 집단이 소수 집단에게 베풀어주는 것이기 때문이다. 우의의 정치는 최소한의 연관성으로 최대한의 결속을, 최소한의 친족성으로 최대한의 가까움을 만들어낸다. 반면 슈미트의 폭력의 정치학은 동일성의 정치학으로서 최대한의 친족관계라 할 수 있는 형제관계조차 적대관계로 돌변하게 한다. "누가 나의 적인가?"라는 질문에 슈미트는 대답한다. "타자는 나의 형제임이 밝혀진다. 그리고 형제는 나의 적임이 밝혀진다."[76]

4.2. 법과 폭력

법질서가 목적을 관철하기 위해 폭력적 수단을 동원할 수 없다면 효력을 잃을 거라는 견해가 널리 받아들여지고 있다. 이러한 견해가 옳다면 법은 오직 폭력을 통해서만 실현될 수 있는 권력자의 특권일 것이다. 법이 성립하기 위해서는 물론 폭력적 실현 가능성이 필요할지는 모른다. 그렇다고 반드시 법이 폭력을 **기반으로 한다**고 할 수는 없다. 헤겔도 다음과 같이 적고 있다. "흔히 폭력이 국가를 응집시킨다고들 말한다. 그러나 흔들리지 않게 붙들어주는 것은 모두가 가지고 있는 질서의 근본감정뿐이다."[77] 폭력, 또는 부정적인 징벌의 위협만으로 법질서가 유지되는 것은 아니다. 폭력은 그 무엇도 **함께 붙들어두지** 못한다. 폭력은 어떤 안정적인 받침대도 제공하지 못한다. 폭력이 엄청나게 행사되는 상황은 오히려 내적인 불안정성의 징후다. 오직 폭력에 의해서만 지탱되는 법질서는 매우 취약한 상태에 있다고 보아야 할 것이다. 오직 법질서에 대한 동의만이 안정적인 받침대가 될 수 있다. 폭력의 본모습은 "붙들어주는 것"이 법질서에서 완전히 사라지는 순간에 비로소 드러난다.

벤야민의 정치철학 역시 폭력과 법의 내적 통일성에 대한 가정에서 출발한다. 폭력은 법을 정립하는 힘으로서 이미 법의 시원에서부터 작용해왔다. 벤야민은 법을 권력 있는 자의 특권으로 이해한다. 승자는 자신의 의지, 자신의 이익을, 아니, 그것을 넘어서 자신의 실존을 폭력적으로 관철한다. 법관계는 권력관계를 그대로 반영한다. "법의 수립은 권력의 수립이다."[78] 따라서 폭력은 법의 수립에 본질적 역할을 한다. 벤야민은 니오베 전설(테베 왕

암피온의 아내이자 일곱 명의 아들과 일곱 명의 딸을 둔 어머니인 니오베는 자식이 쌍둥이인 아폴론과 아르테미스밖에 없는 레토 여신에게 뻐기다가 레토의 분노를 산다. 레토는 자식들에게 복수를 부탁하고 아폴론과 아르테미스는 니오베의 자식을 살해한다. 모든 자식을 잃은 비통함 속에서 암피온은 칼로 자결하고 니오베는 돌이 되어버린다 - 옮긴이)을 통해 법과 폭력 사이의 연관관계를 예시적으로 보여준다. "아폴론과 아르테미스의 행동은 그저 처벌에 지나지 않는 것으로 보일지도 모른다. 그러나 그들의 폭력은 기존 법의 위반을 처벌하는 것이라기보다 하나의 법을 수립하는 행위다. 니오베의 오만은 스스로에게 재앙을 불러온다. 재앙이 덮치는 것은 오만이 범법이라서가 아니라 니오베가 오만하게 운명에 싸움을 걸었기 때문이다. 그것은 운명이 이길 수밖에 없는 싸움이고, 그 싸움에서 운명이 승리함으로써 비로소 하나의 법이 모습을 드러낸다."[79] 폭력은 법이 수립된 이후에도 계속 작용한다. 그것은 법을 유지하는 폭력으로서 위협의 무대를 건설하여 수립된 법이 지켜지도록 만든다. 벤야민에게 법은 작용의 전 국면에서 폭력과 불가분의 관계로 엮여 있다. 법은 폭력의 **기반** 위에 세워진다. 폭력은 법의 **본질**이다. 벤야민은 법에 중재하고 폭력을 막는 면이 있다는 것을 완전히 무시한다. 이미 헤시오도스가 이에 관해 말한 바 있다. "이제 법의 소리에 귀를 기울이고 폭력은 머리에서 지워라!/그러한 법을 크로노스의 아들이 인간에게 주었으니/물고기는, 야생의 들짐승과 깃털 난 새는/그들 사이에 법이 없기에 서로가 서로를 잡아먹지만/제우스 신이 인간에게 준 법은 월등히 나은 최상의/선이로다."[80]

법은 역사적, 구조적 변동 과정을 겪어왔다. 법은 우선 공포스러운 운명의 힘으로 현현한다. 인간은 아무것도 모른 채 불문의 법을 위반하고 죄의 나락에 빠진다. 벤야민은 이러한 원시적, 신화적 법의 원형을 근거로 삼으면서 그것이 법의 **본질**이라고 선언한다. 벤야민에 따르면 **모든 법의 폭력**은 "적나라한 폭력의 신화적 현현"이다. 법은 이렇게 폭력에 결부되어 있기 때문에 "부도덕"하며, 정의를 세울 능력이 없다. 그래서 벤야민은 "신화적 폭력이 수행해온 역사적 기능의 유해성"을 상기하면서 "그것의 파괴를 과제로" 삼는다.[81]

벤야민의 〈폭력 비판을 위하여〉는 바이마르 공화국의 위기 속에서 나온 글이다. 그래서 그는 카를 슈미트처럼 의회주의에 대해 매우 회의적인 견해를 표명한다. "의회는 법 정립적 폭력을 대표하면서도 이러한 폭력에 대한 이해가 부족하다. 따라서 의회가 결코 법 정립적 폭력에 부응할 만한 결정을 내리지 못하고 타협적으로, 소위 비폭력적인 방식으로 정치적 사안을 주무르는 것은 전혀 놀랄 일이 못 된다."[82] 여기서 벤야민은 분명 의회의 본질을 간과하고 있다. 의회는 의논Miteinandersprechen/parler하는 장소다. 의회는 법의 수립을 폭력에서 말로 이전시킨다. 타협이 의논의 한 가지 효과로 남아 있는 한에서는 여기에 적나라한 폭력이 개입할 여지는 없다. 반면 폭력에는 절대적인 침묵, 절대적인 무언의 순간이 내재한다. 벤야민은 타협의 본질을 오인하여 그 속에서 "폭력적 성향"[83]을 발견한다. 폭력적 성향을 지닌 사람은 애초에 타협 시도에 반응조차 하지 않는다. 민주주의는 그 **본질적 핵심**에서 **의사소통적**이다. 소수파도 **말을 함으로써** 의사 결정 과정에 영향을 미칠 수 있다. 독재Diktatur는 말을 금지한다. 독재는 받아 적게diktieren 할 뿐이다.

벤야민은 카를 슈미트와는 다른 동기에서 의회주의를 비판한다. 카를 슈미트가 법 정립적 결정의 폭력을 옹호하기 위해 의회주의를 비방한다면, 벤야민의 의회주의 비판은 법 자체에 대한 근본적 회의에서 유래한다. 벤야민의 신은 법을 수립하는 주권자가 아니다. 카를 슈미트가 내재적인 법질서를 떠나지 않는 데 반해, 벤야민은 법의 저편에 시선을 던진다. 법질서에 대한 그의 근본적 의구심 뒤에는 법질서가 계보학적, 발생적 관점에서 폭력과 엮여 있다는 인식이 있다. 법의 근원적 폭력성이야말로 그가 의회주의를 비난하는 원인이다. "아무리 고고한 의회가 상대적으로 소망할 만하고 반가운 것이라고 할지라도, 원칙적으로 비폭력적인 수단을 고려할 때 의회주의가 그 고려의 대상이 될 수는 없을 것이다. 왜냐하면 의회주의가 긴급한 사안에서 도달하는 결론은 원천에서 결과에 이르기까지 폭력으로 물든 법질서일 수밖에 없기 때문이다."[84] 벤야민에게는 법적 계약도 갈등의 비폭력적 조정을 뜻하지 않는다. 왜냐하면 계약 당사자 가운데 일방이 계약을 어겼을 경우 그 상대방에게 폭력에 의존할 권리가 인정되기 때문이다. 벤야민은 법적 관계를 언제나 한계상황, 비상상황의 관점에서, 이 경우에는 가능한 계약 파기의 관점에서 관찰한다. 이 때문에 법을 폭력과 근본적으로 구별해주는 중재의 기능은 시야 밖으로 밀려난다. **계약**Vertrag은 계약 당사자들이 **서로 다투지 않고 화합할 것**sich vertragen을 전제한다. 그들이 폭력을 포기하고 서로 의논할 자세가 되어 있을 때 계약도 성립할 수 있는 것이다. 계약은 타협과 마찬가지로 **말의 효과**다. 계약에는 권력과 폭력의 경제로 환원할 수 없는 **의사소통적 중핵**이 내재한다.

법의 폭력적 성격 앞에서 벤야민은 사람들 사이의 상충하는 이해관계를 폭력 외에 다른 수단으로 규율할 수는 없는 것인지 묻는다. 일단 그는 비폭력적 갈등 해결의 가능성을 긍정한다. "분명 가능하다. 사인私人 간의 관계는 그런 예로 넘쳐난다. 마음의 문화Kultur des Herzens가 인간에게 의견의 일치를 이룰 수 있는 순수한 수단을 손에 쥐여 준 곳에서는 어디서나 비폭력적 합의가 이루어진다."[85] 벤야민은 합법적이고 비합법적인, 그러나 폭력이라는 점에서 예외가 없는 온갖 수단의 반대편에 "순수한 수단"을 맞세운다. 그것은 어떤 법적 관계와도 무관하다는 점에서 순수하다. 벤야민이 이러한 비폭력적인 중재의 수단으로 꼽는 것은 "진심 어린 예의, 애호의 감정, 평화에 대한 사랑, 신뢰" 등이다. 예컨대 신뢰는 계약 관계보다 덜 강압적이다. 신뢰는 신뢰를 깬 것에 대해 폭력을 행사하지는 않기 때문이다. 신뢰가 사라지면 폭력이 밀고 들어온다. 벤야민은 수천 년 동안의 국가 관계의 역사에서 비폭력적 합의의 수단이 형성되었다는 데 주목한다. 외교관들은 서로 교류하면서 마치 사인 간에 합의를 보듯이 계약도 따로 맺지 않고 그때그때 상황에 맞추어 평화롭게 갈등을 조정해왔다는 것이다. 벤야민은 이를 심지어 "부드러운 과업"이라고까지 부른다. 그것은 "재판소에서 더 확실하고 단호하게 해결"될 수 있겠으나, 이러한 부드러운 해결은 "모든 법질서와 폭력의 저편에서 이루어지는 것이라는 점에서 재판소의 해결보다 근본적으로 더 고차적인 것"이다.[86] "순수 수단의 정치"[87]는 비범한 정치, 즉 법질서를 넘어서는 소통과 중재의 정치다. 벤야민은 언어 자체를 "인간적 합의의 영역"에 올려놓는다. 그것은 "폭력의 접근을 조금도 허용하지 않는" "'소통'의 본래 영역"이다. 그러나 벤야민은 순수한 수단의 효과를 제한적으로만 인정한다. 그가 말하는 "순수 수단의 정치"[88]는 국가 간의 분쟁에서 갈등 당사국이 모두 분쟁이 폭력적 대결로 이어질 경우 결과와 무관하게 손해를 두려워하기 때문에 반드시 합의에 도달하려 하는 경우에만 가능하다는 것이다. 벤야민의 순수 수단의 정치는 윤리가 아니라 재화를 둘러싼 갈등에서 동원될 수 있는 합의의 기술일 뿐이다. "순수 수단은 […] 결코 인간과 인간 사이의 갈등을 조정하는 것과는 관계가 없고, 단지 물적인 것을 우회하여 발생하는 갈등 관계에만 적용된다. 재화를 둘러싼 인간적 갈등의 물적 관계에서 순수 수단의 영역이 펼쳐진다."[89]

벤야민은 "지금까지 모든 세계사적 실존 상황의 영향권에서 벗어나 구원에 이르는 것은 고사하고라도 인간적 과제를 어떤 식으로든 가능한 정도에서 해결한다는 모든 구상조차 원칙적으로 완벽하게 모든 종류의 폭력을 배제한 상태에서는 실현 불가능한 것으로 남는다"고 확신하며, 이에 따라 그 어떤 법이론에도 포착되지 않을 전혀 다른 폭력의 가능성을 탐색한다.[90] 그는 폭력과의 결탁을 이유로 모든 법질서를 거부하면서도 동시에 폭력의 완전한 폐기가 불가능하다고 보기 때문에, 모든 법질서와 신화적 법 정립에서 자유로운, 그래서 그나마 "순수"하다고 할 수 있는 신적인 폭력을 대안으로 선택한다.

벤야민에 따르면 신적 폭력의 순수성은 법과 폭력을 엮어주는 끈을 **절단**zerschlagen하고 모든 법질서의 구속에서 **탈각**entschlagen한다는 점에 있다. 그래서 신적 폭력은 "파괴적schlagend"이다. 신적 폭력은 권력관계, 지배관계를 수립하지 않는다. 반면 신화적 폭력은 패자를 죄인으로 만드는 죄의 연관관계, 법적 관계를 창출한다. 폭력이 지배하는 한, 죄는 사라지지 않는다. 그리하여 니오베는 "침묵 속에서 영원히 죄를 짊어진 자"로서 목숨을 부지한다. 그녀의 영속적 고통은 신화적 폭력의 지배를 증명한다. 반면 신적 폭력은 죄의 연관관계 자체를 **격파**durchschlagen 함으로써 "죄를 씻는 힘"으로 작용한다. 신적 폭력은 권력과 지배에서 완전히 자유롭기 때문에 권력의 행사, 통치, 관리와도 거리가 멀다. 신적 폭력은 "지배"하지 않는다. 그래서 벤야민은 이를 "주재하는waltend" 폭력이라고 명명한다. 반면 법을 유지하는 폭력은 "관리된verwaltet 폭력"이라고도 불린다. 그렇다면 "주재하는" 신적 폭력은 모든 관리, 모든 지배자, 모든 지배에서 벗어난 폭력일 것이다.

니오베 전설과 대비되는 신적 폭력의 예화는 고라의 무리에게 내려진 신의 심판이다. "신의 심판은 특권을 가진 자들, 레위족에게 내려진다. 예고도 없이, 사전에 어떤 위협도 없이, 느닷없이 그들에게 닥쳐온 신의 심판은 거침없이 절멸로 나아간다. 그러나 그것은 동시에 그 절멸 속에서 죄 사함의 작용을 하며, 여기서 신적 폭력의 무혈적 성격과 죄 사함 사이의 깊은 연관관계가 뚜렷이 드러난다."91 신화적 폭력은 법을 수립한다. 신화적 폭력은 더 나아가 죄를 지우는 동시에 죗값을 묻는다. 반면 신적 폭력은 법을 파괴하고 죄를 사한다. 그러나 신화적 폭력과 신적 폭력의 이러한 극단적 대비는 합당하다고 볼 수 없다. 물론 니오베 전설이 권력과 법의 정립의 문제에 관한 것임은 의심의 여지가 없다. 레토 여신의 승리는 그녀의 독점적 권리, 인간에게 숭배받을 특권을 최종적으로 확립한다. 그 승리를 통해 인간과 신 사이의 차이가 확정된다. 레토의 유혈 폭력은 법을 수립하고 인간에게 한계를 설정한다. 그러나 신적 폭력도 이러한 신화적 폭력과 근본적으로 구별되는 것은 아니다. 고라는 모세에게 반기를 든다. 신은 고라의 족속을 절멸시킴으로써 모세의 지배를 확립한다. 모세는 고라 무리의 절멸을 자신의 지배를 정당화하는 근거로 삼는다. 모세는 그 사건을 자신이 선택받은 자이며 신과 특별히 가까운 자임을 보여주는 징표로 해석한다.[92] 순수한 신적 폭력을 분명하게 나타내줄 유일한 구체적 예가 순수하지 못한 것이다. 그것 역시 신화적 폭력과 마찬가지로 지배, 권력에 오염되어 있다. 신적인 폭력은 결국 모든 지배가 정당화의 근거로 활용할 수 있는 상상적 기관일 뿐이다. 그것은 사후적인 해석과 의미 부여를 통해 신화적 폭력 속에 얽혀 들어간다.

벤야민은 신적 폭력과 신화적 폭력 사이에 또 다른 변

별적 특질들을 제시하지만, 이 역시 꼭 들어맞는 것으로 보이지는 않는다. 신화적 폭력은 피를 부른다. 그것은 "벌거벗은 삶에 대한 유혈 폭력"이다. 반면 신적 폭력은 "피를 흘리지 않으면서 치명적"이다. 벤야민에 따르면 피는 소유와 권력에 집착하는 삶을 상징한다. 신적인 폭력은 파괴적이긴 하지만, "오직 재물과 법과 삶에 관해서만 상대적으로" 그러할 뿐이다. "결코 절대적인 의미에서, 살아 있는 자의 영혼에 관해서까지" 파괴적인 것은 아니다.[93] "영혼"은 법, 권력, 소유의 관계, 벌거벗은 삶의 차원에서 벗어나 있는 순수한 영역이다. 불순한 수단인 법의 지배는 피, 벌거벗은 삶에 국한된다. "살아 있는 자에 대한 법의 지배는 벌거벗은 삶의 범위를 넘어서는 지점에서 끝나기 때문이다."[94]

"법 바깥에 있는" "교육적 폭력"을 벤야민은 순수한 폭력이라고 부르지만, 그것은 "완전한" 형태, 그러니까 가장 순수한 형태를 갖추었을 때조차 "영혼"에 고통을 가하지 않는다고 할 수 없다. 신화와 이웃해 있는 지배의 도구에서 완전히 자유로운 교육은 없기 때문이다. "신화가 법과 교배시켜 잡종이 되기"[95] 이전의 순수한 형태의 폭력이란 것은 상상에 지나지 않는다. 벤야민은 여기서 해체주의적 분석을 견디어내지 못할 **잡종교배**의 논리에 빠진다. 설령 어떤 순수한 폭력이 존재한다고 한들, 결코 **현상적으로 드러날** 수는 없을 것이다. 순수한 폭력은 가시화되는 순간 곧장 신화를 통한 **해석** 작업에 넘겨질 것이고 결국 불순해지고 말 것이기 때문이다.

아감벤은 벤야민의 입장을 추종하면서 법을 전적으로 폭력의 측면에서 고찰한다. 그는 그렇게 법을 악마화하고 벤야민처럼 어떤 메시아적 동경의 공간으로 물러난다. 그곳에서 "인류는 아이들이 다 낡아서 못 쓰게 된 물건을 가지고 놀듯이 법을 가지고 놀 것"[96]이다. 법과 폭력 사이의 본질적 근친 관계가 현현하는 것은 법의 효력이 정지되고 그 대신 그 효력의 근거, 즉 법을 정립하는 주권적 폭력 자체가 전면에 나서는 비상사태에서다. 비상사태를 결정하는 주권자는 "폭력과 법을 분간할 수 없게 되는 지점, 폭력이 법으로, 법이 폭력으로 이행하는 문턱"[97]이다.

법제화가 이루어지는 과정은 항상 공간화와 장소화의 과정이기도 하다. 적나라한 폭력만으로는 공간이 형성될 수 없고 장소가 수립될 수도 없다. 그러한 폭력에는 공간을 형성하는 매개적 힘이 없다. 폭력은 어떤 법적 **공간**도 산출하지 못한다. 공간을 형성할 수 있는 것은 폭력이 아니다. 권력만이 공간을 창출한다. 아감벤은 권력과 폭력을 구별하지 않는다. 공간이 열리려면 폭력이 권력으로 바뀌어야 한다. 권력이 되지 못한 폭력은 실행과 함께 허무하게 탕진된다. 폭력은 부정의 형태로 나타나는 '아니오'의 저항에 부딪힌다. 반면 권력은 '예'의 흐름을 따라 펼쳐진다. 권력자에 대한 지지가 클수록 그의 권력도 그만큼 커진다. 권력자의 의지와 권력의 지배를 받는 자들의 의지 사이에 거리가 좁을수록 그의 권력은 더 안정적이다.

진정 신적인 주권자가 있어서 그가 말만 하면 곧 법이 된다면, 그는 일반 의지 자체를 창출할 수도 있을 것이다. 이때 그의 의지는 즉각 모두의 의지로 전환될 것이다. 그는 법을 수립하기 위해 폭력을 행사할 필요가 없다. 그는 애초에 자신에게 거역하는 의지를 만날 가능성이 없다. 의지를 만들어내는 것이 그 자신이기 때문이다. 따라서 그의 작용은 타격이나 파괴에 있지 않다. 그것은 순수하게 창출하는 작용이다. 적나라한 폭력은 법을 수립할 수 없다. 그러한 폭력은 절대적인 '아니오'에 부딪혔을 때 아무런 힘도 발휘하지 못한다. 강제로 얻어낸 복종 속에도 '예'는 들어 있지만, 누군가가 폭력 앞에서 어떤 두려움도 없이 '아니오'로 맞서는 것은 언제든 일어날 수 있는 일이다. 절대적인 '아니오'는 권력관계 또는 예속관계를 부정한다. 법도 오직 허락을 의미하는 '예'를 통해서만 안정성을 확보할 수 있다. 바로 그렇기 때문에 비상 시기에, 예를 들면 전쟁 수행을 위해서 제한된 기간 동안 임명된 로마의 집정관들도 꼭 그렇게 해야 할 의무가 있는 것이 아님에도 불구하고 법률을 표결에 부쳤고, 그렇게 함으로써 민중 속에서 지지 기반을 마련하고, 진정한 권력을 창출하려 했던 것이다.

정치란—"삶 때문에 생겨났으되 그 존속의 의의는 좋은 삶(에우 젠eu zen)에 있다"[98]고 아리스토텔레스가 말한 바 있는—국가(폴리스polis)를 경영하는 일이다. 정치의 본질에 속하는 것은 법과 정의(디카이온dikaion)다. 법과 정의는 중재적 작용을 통해 공동의 삶이 잘 이루어지고 공공의 복리가 최대화되도록 해준다. 국가(폴리스)는 단순히 권력과 지배의 구조물로 환원될 수 없으며, 이보다 훨씬 더 큰 의미를 지닌다. 아리스토텔레스적 정치가 지배를 지향하지 않는다는 것은 약점이 아니라 강점이다. 폴리스의 목표는 "자립"(아우타르케이아autarkeia)이다. 사람들이 모여서 공동체를 이루는 것은 혼자서는 결핍에 시달리기 때문이다. 정치적 공동체의 발생 원인은 결핍의 감정이지 권력과 지배 의지가 아니다. 사람들은 결핍의 감정을 극복하기 위해 타인과 함께 살기로 결심한다. 이렇게 정치는 삶, 생존 때문에 생겨났지만, 정치를 진정한 의미의 정치로 만드는 것은 '좋은 삶'에 대한 관심이 생겨난 이후다.

정치는 중개다. 정치의 중개 작용이 미치는 범위는 법질서, 심지어 정의의 영역까지도 넘어서야 한다. 바로 그렇기 때문에 아리스토텔레스는 우정에 커다란 의미를 부여한다. 우정은 중재 기능에 있어서 법과 정의를 능가한다. 그래서 아리스토텔레스는 훌륭한 입법자는 정의보다도 우정의 보호에 더 큰 관심을 기울여야 한다고 말한다. 우정은 사회적 공존을 법질서보다 더 효과적으로, 특히 더 비폭력적으로 조정할 수 있다. 따라서 이상적인 정치적 동물(조온 폴리티콘zoon politikon)은 친구여야 한다. "시민들이 친구라면 법의 보호는 불필요하다. 그러나 그들이 정의롭다면 그들에겐 추가로 우정이 필요하다."[99] 강한 의미에서 정치적인 것은 법외부적인 중개와 소통의 힘을 활용하는 행위다. 우정의 정치는 애초에 재판소의 법적 개입이 필요한 위기 상황이 발생할 소지를 만들지 않는다. 아리스토텔레스는 우정을 국가를 위한 "최상의 선"으로 고양시킨다.[100] 우정은 어떤 면에서 정치적인 것의 징표이다. 공동체 자체가 "뭔가 우애로운 것"이기 때문이다.[101] 아리스토텔레스는 우정을 매우 근본적인, 실존적인 차원의 문제로 이해한다. 우정은 "함께 살겠다는 자유로운 결정"[102]으로서, 그런 점에서 국가의 기반, 국가가 성립할 수 있는 전제조건이라 할 수 있다. 강한 의미에서 정치적인 것은 지배 권력을 행사하려는 의지가 아니라 함께 살겠다는 결단이다.[103] 인간의 삶은 목숨을 좌우하는 무조건적 권력에 내맡겨짐으로써 정치화되는 것이 아니다. 함께 살겠다는 결정이 인간 존재를 정치화한다.[104] 권력과 폭력에는 진정으로 정치적인 공동체의 이념, 즉 함께 살겠다는 결단의 정신이 빠져 있다. 권력은 공동체를 전제하기는 하지만 궁극적으로 자아의 현상이다. 즉, 자기중심적이다. 함께는 권력이 지향하는 바가 아니다.

아감벤은 법과 폭력의 완벽한 일치를 가정한다. 그는 심지어 "정치가 법에 전염되었다"[105]고까지 주장한다. 그는 홉스에 의지하여 다음과 같은 요구를 내세운다. "계약이나 합의와 같은 어떤 원천적 정치 행위가 자연상태에서 국가로의 이행을 가져온 명백하고 결정적인 사건이라는 식의 모든 관념은 아무 근거도 없기에 파기되어야 한다."[106] 아감벤의 이러한 주장은 홉스를 왜곡 인용한 결과이다. 홉스 자신은 정치적인 것을 계약에서 끌어낸다. 그가 말하는 국가는 "한 명의 인간"이다. 국가라는 인간의 의지는 "다수 사람의 계약에 의해 그 사람들 모두의 의지로 간주되며, 이에 따라 국가는 개개인의 힘과 능력을 공동의 평화와 방어를 위해 사용할 수 있는 것이다."[107] 《리바이어던》에서도 국가는 위에서 말한 "인간"으로 묘사된다. "아주 많은 사람이 저마다 다른 사람과 상호 계약을 맺음으로써 이 인간(국가-옮긴이)이 하는 모든 행동은 바로 그 사람들 자신이 하는 행동과 같은 것으로 된다. 그렇게 하여 이 인간은 자신이 평화와 공동의 방위에 필요하다고 판단하는 바에 따라 모든 사람의 힘과 수단을 동원할 수 있는 것이다."[108] 이에 따르면 주권자의 모든 행동과 판단은 동시에 신민 자신의 주체적 행동과 판단이기도 하다. 그래서 주권자는 "어떤 행동으로도 자신의 신민에게 부당하게 해를 입히지"[109] 못한다. 궁극적으로 신민은 자기 자신에게, 즉 자기 자신의 의지에 복종할 따름이다. 그 의지는 동시에 모든 사람의 의지이기도 하다. 주권자의 부당한 처사를 비난하는 사람은 자기 스스로 책임져야 할 행위에 대해 불평하는 것이다. 그것은 자기 고발일 뿐이다. 신민 혹은 시민은 주권자에게서 자기 자신을 본다. 주권자의 모든 행위 속에서 자신과 마주친다. 진정 정치적인 것은 바로 이처럼 "공공의 복리common benefit"를 지향하는 복합적인 중개의 구조다. "국가commonwealth"는 **함께 살겠다는 정치적 결단**에 의해 생겨나고 존속한다. 법질서를 지키는 주권자의 폭력을 홉스는 바이올런스violence라고 부르지 않고 "공동 권력common power"이라고 부른다. 정치적 권력은 이러한 **"공동의 것**common"에서, 즉 **공통의** 의지에 따라 **함께** 행동하기에서 나온다. 바이올런스는 정치적이지 않다. 폭력은 합법성Legalität, 즉 실정적 규범에 선행하는 정당성을 창출하지 못한다. 정당성은 정치적 의지, 공통 의지에 있다. 바로 이러한 공동적 성격이 권력을 폭력과 구별한다. 그것은 아감벤이 제시하는 부정성의 모델에서 벗어난다.

아감벤이 주권적 권력을 일관되게 "비올렌차violenza"라고 부르는 것은 문제가 있다. 그는 이로써 공동의 권력과 폭력 사이의 중대한 의미 차이를 지워버린다. 그는 권력의 악마적인 면만을 보면서 권력을 폭력에 가까운 것으로 간주한다. 경찰 또한 악마화된다. 경찰은 "폭력(비올렌차)과 법의 인접성, 더 나아가 양자의 본질적인 교환 가능성이 가장 명확하게 겉으로 드러나는" 장소다.[110] 아감벤은 경찰을 "폭력과 법 사이에 아무 차이가 없는" 주권자의 장소와 동일한 곳으로 만든다. "그곳에서는 원시적인 전쟁 수행의 조건이 회귀하여 민간인과 군인이, 민중과 범죄적 지배자sovrano-criminale가 뒤섞일 수 있다."[111] 아감벤의 눈에 걸프전에서 전쟁권ius belli의 행사는 "법적 규범을 존중할 아무런 의무도 없는" 경찰 출동 작전의 외피를 걸치고 나타난다.[112] 이처럼 법을 악마화하여 폭력과 완전히 일치하는 것으로 만들어버리는 까닭에,[113] 정치철학은 별로 할 일이 남아 있지 않게 된다. 그에 따르면 "진정한" 정치는 "팍툼 로퀜디factum loquendi"(인간이 언어를 사용하는 존재라는 사실 - 옮긴이), 즉 순수한 언어 경험 자체를 특별히 강조하는 "소통적 공허"의 정치다. 소통적 공허는 의사소통 자체, 전언의 이편에 놓인 전달가능성 자체를 현시顯示한다. 아감벤은 여기서 팍툼 로퀜디를 팍툼 플루랄리타티스factum pluralitatis, 즉 인간이 공동체를 이룬다는 사실과 연결한다. "사람들은 무엇보다도 순수한 전달가능성 자체를 […] 서로에게 전달해야 하므로, 정치는 소통적 공허의 장으로 개막된다."[114]

벤야민과 슈미트가 살던 사회는 세계대전의 혼란과 면역학적 패러다임이 지배하는 **부정성의 사회**였다. 반면 아감벤은 주권사회도, 규율사회도 지나온 사회, 면역학 이후의 사회에 속하는 사람이다. 이런 결정적인 패러다임 전환에도 불구하고 그는 여전히 비상사태나 추방 같은 부정성의 형상에서 사유를 이끌어낸다. 부정성의 형상을 부정성에서 점점 더 벗어나는 긍정성의 사회에 투사함으로써, 치명적인 결과가 초래된다. 잘못된 투사로 인해 아감벤은 면역학 이후의 사회에서 발생하는 문제들을 전혀 알아보지 못한다. 그는 성과사회의 한가운데서 주권사회를 그려낸다. 이 점에서 아감벤의 사상은 시대착오적이다. 그가 찾아내는 폭력은 이러한 시대착오의 영향을 받아 온통 **배제**Exklusion와 **금지**Inhibition를 바탕으로 하는 부정성의 폭력뿐이다. 이로써 **소진**Exhaustion과 **포섭**Inklusion으로 표출되는 성과사회 특유의 긍정성의 폭력은 그의 시야에 포착되지 않는다. 아감벤의 주의는 이제는 거의 태고의 느낌을 주는 부정성 형식의 세속화된 형태로서의 폭력에만 쏠려 있는 까닭에 **긍정성의 극단적 현상**은 간과되고 마는 것이다. 오늘날의 폭력은 **이의의 적대성**보다는 **합의의 순응성**에서 온다. 따라서 우리는 하버마스에 반하여 **합의의 폭력**에 관해 논해야 할지도 모른다.

오늘의 사회가 봉착한 위기는 아감벤이 주장하듯이 비상사태가 정상이 되어 법과 폭력 사이에 아무런 차이도 없는 주권성의 영역이 한없이 확대되었다는 데 있는 것이 아니다. 비상사태가 더 이상 불가능하다는 것, 모든 것이 **동일자의 내재성**에 흡수되어버렸다는 것이 위기의 본질이다. "동일자의 지옥"[115]은 부정성의 폭력에서 벗어나는 특수한 형태의 폭력을 생산한다.

오늘날은 정치 자체가 긍정화되어 **주권적 행위**의 가능성이 전혀 없는 **일**Arbeit로 전락한다. 일은 일을 하도록 만드는 힘과 강제에 결코 의문을 제기할 수 없고 그것을 뛰어넘을 수도 없다는 점에서 긍정적이다. 일의 긍정성은 정상상태를 영속화한다. 일이 되어버린 정치에는 **단순히 가능한 것**을 뛰어넘는 어떤 **초월적 지평**도 찾아볼 수 없다. 자본이 어느새 모든 초월성, 모든 외부를 흡수해버린 뒤에 정치 역시 자본의 내재적 공간 속에서 조용히 머무를 뿐이다. 정치가 긍정화됨에 따라 정당과 이데올로기 역시 나날이 중요성을 잃어간다. **정치의 공허**는 미디어가 연출하는 스펙터클로 채워진다. 정치인 역시 탈정치화된 스펙터클의 공간 속에 자리를 잡는다. 그들의 **정치적 행위**가 아니라 그들의 **인간됨**이 미디어를 통한 연출의 대상이 된다.

아감벤은 신학적 형상에 매혹된다. 그는 그러한 형상들이 세속화된 형태로 근대에 귀환하며, 오늘의 미디어 속에서는 지배의 찬미적 차원도 확인할 수 있다고 믿는다. "현대 민주주의에서 미디어가 그렇게 중요한 의미를 띠게 된 이유는, [⋯] 바로 이 미디어가 근대에는 사라진 것으로 보이던 권력의 영광, 즉 박수갈채와 찬미 속에 드러나는 권력의 양상을 관리하고 배분하는 역할을 담당하기 때문이다."[116] 오늘의 민주주의는 "전적으로 영광 위에 세워져 있다." 즉 "미디어를 통해 증폭되고 확산되는, 모든 상상을 뛰어넘는 갈채의 영향력"이 민주주의의 바탕이라는 것이다.[117] 아감벤의 견해와는 반대로 현대 미디어의 거주지는 탈정치적, 탈신학적 스펙터클의 공간이다. 미디어가 뭔가를 생산한다면 그것은 기껏해야 **지배 없는 영광**일 뿐이다. 일이 된 정치는 어떤 지배도, 어떤 영광도 없이 진행된다. 그러한 정치는 **무대에 등장하기 위해서** 미디어 속 스펙터클의 가상 속에 몸을 숨긴다. **정치적 공허**는 정치를 속이 텅 빈 스펙터클의 정치로 전락시킨다. 행동하지 않고, 어떤 본질적인 것도 전달하거나 창출하지 않는 정치, 그저 전달가능성만을 전달하는 정치. 스펙터클의 정치는 **소통적 공허의 정치**다. 그리하여 **전언이 없는 전달가능성**이라는 아감벤의 유토피아적 구호는 **스펙터클로서**

의 **커뮤니케이션**이라는 공허한 구호로 전도된다.

지배와 영광은 이미 오래전에 정치의 장을 떠나 자본의 내부 공간으로 옮겨왔다. 광고는 예배와 찬송가의 자본주의 버전이다. 새로운 제품을 찬양하는 스타는 오늘의 천사다. 자본주의적 찬송가는 영광을 생산한다. 그것은 오직 자본에만 바쳐지는 지배의 미적 가상이다. 자본의 지배가 거두어가는 갈채의 이름은 **소비**Konsumption다.

5. 폭력의 거시논리

거시물리적 폭력은 자아와 타자, 친구와 적, 내부와 외부
사이의 긴장관계에서 전개된다. 바로 **타자의 부정성**이 거
시물리적 폭력의 본질적 구성 요소이며, 침투, 침략, 전
염은 그러한 폭력의 작용방식이다. 폭력은 외부에서 가
해오는 작용으로서 나를 덮치고 제압하고 내게서 자유
를 빼앗아간다. 폭력은 나의 허락도 받지 않고 나의 내부
로 파고들어온다. 그러나 외부에서 오는 모든 타자의 작
용이 폭력은 아니다. 내가 그 작용을 승인하고 나의 행동
과 연관시키는 순간, 즉 그 작용과 나 사이에 일정한 **관
계**를 수립하는 순간, 그것은 더 이상 폭력의 성격을 지니
지 않게 된다. 나는 그 작용과의 관계에서 **자유롭게** 행동
한다. 나는 그것을 나 자신의 내용으로 긍정한다. 이처럼

외부의 작용을 내면화하여 전유하는 것이 절대로 불가능한 경우에 나는 그것을 폭력으로 경험한다. 그것은 나의 내부를 파고들어와 파괴한다. 이렇게 밀고 들어온 폭력이 자발적 내면화의 과정 없이 나의 일부가 되는 경우 그것은 내 안에 있으면서도 여전히 내게 외적인 내사체Introjekt를 이룬다. 이렇게 속에 꽁꽁 싸인 트라우마는 폭력이다. 그것은 나름대로 이해하고 논구한 다음 정리하여 치울 수 있는 테마 같은 것이 아니기 때문이다.

폭력은 꼭 개인 사이의 층위에서만 발생하지 않는다. 따라서 자아와 타자의 사이공간 속에 편입되지 않는 거시물리적 형태의 폭력을 파악하고 기술하기 위해서는 폭력을 내부와 외부 사이의 부정적 긴장관계로 **형식화**하는 것이 유의미하다. 그렇다면 폭력은 지배walten하지만 내면화되지는 않는 사건이라고 할 수 있을 것이다. 폭력은 내부를 내부의 질서와 의미 구조에서 완전히 벗어나 있는 외부에 내맡긴다. 폭력은 외부를 통해 내부가 내부에서 벗어나는 것으로 나타난다. 외부는 **다른** 질서와 의미의 시스템인 동시에 질서 그 자체에 반하여 작용하는 힘을 이루기도 한다. 내부가 외부로 이어지는 연속성을 수립하여 외부를 내면화하지 못하면 외부의 침입은 결국 내부의 파괴를 초래한다. 폭력은 중개나 화해를 허용하지 않는 파열이다.

　권력이 위계적 관계에서 하나의 연속성을 만들어낸다면, 폭력은 파열과 단절을 유발한다. 폭력의 구조적 상수인 균열Hiatus은 권력의 본질에 속하는 위계Hierarchie와 구별된다. 위계는 균열과 달리 관련짓고 연결을 이루는 하나의 연속체 내에서 나타나는 차이, 격차를 의미한다. 권력은 언제나 권력 구조로 **조직**된다. 반면 폭력 구조는 형용모순이다. 폭력은 구조를 해체하는 것이기 때문이다. 결합하고Fügen 장악하는 것Verfügen이 권력의 특징적 작용이라면, 폭력이란 부수고Brechen 망가뜨리는 것Verbrechen(범죄의 의미도 있음 – 옮긴이)이다. 권력과 폭력 모두 구부리기 기법을 구사한다. 권력은 타자를 스스로 굽힐 때까지 구부린다. 반면 폭력은 타자를 구부려서 결국 부러지게 만든다.

　폭력은 희생자에게 어떤 행동의 여지도 주지 않는다. 행동 공간의 크기는 0으로 떨어진다. 폭력은 공간에 파괴적으로 작용한다. 그 점에서도 폭력은 권력과 구별된다. 권력은 행동할 수 있는 공간을 허용한다. 권력은 원칙적으로 행동과 자유를 배제하지 않는다. 권력이 타자의 자유를 활용한다면, 폭력은 이를 파괴한다. 권력에 예속된 자는 심지어 권력자의 의지를 향해 **몸을 던진다** sich entwerfen. 그는 미리 서둘러 복종하면서 권력자의 의지를 자신의 의지로 만든다. 그렇다. 권력자의 의지가 그의 의지를 만들어낸다. 폭력과 폭행이 아니라 인도 Führung와 유혹 Verführung이 타자의 자유에 접근할 수 있는 힘을 가진다.

폭력도 권력도, 불편한 타자의 이질성, 고집스럽게 저항하는 타자의 자유를 무력화하는 전략이다. 자아의 권력은 타자를 예속시키고, 타자로 하여금 자아에게 불편하고 위협적으로 느껴지는 이질성을 포기하게 한다. 자아는 권력 덕분에 타자 속에서도 자기 자신이 연장되도록 만들 수 있다. 그러므로 권력은 타자에 대한 관계를 자신에 대한 관계, 자기관계로 변환할 수 있는 능력, 즉 타자에도 불구하고 자기 홀로 있을 수 있는 능력이다. 이러한 자아의 연속성은 타자의 이질성에서 오는 불안을 줄여준다. 권력은 관계의 개념이다. 권력은 타자의 이질성을 최소화하지만 타자를 완전히 차단하는 것은 아니다. 타자는 자아의 행위에 편입된다. 권력과 반대로 폭력은 관계의 개념이 아니다. 폭력은 타자를 파괴해버린다.

폭력도 권력도 타자를 **있는 그대로 놓아두지** 못한다. 폭
력과 권력은 모두 타자의 이질성을 중화하려는 시도이
다. 사랑도 타자에 대한 여유, 자유를 알지 못한다. 하지
만 하이데거는 아마도 사랑을 다르게 이해하고 있는 듯
하다. 그는 사랑을 이렇게 정의한다. "아마도 사랑에 대한
가장 심오한 해석은 아우구스티누스의 다음 말에서 찾을
수 있을 것이다. '아모 볼로 우트 시스amo volo ut sis.' 나
는 사랑한다. 즉, 나는 원한다. 연인이 있는 그대로 남아
있기를. 사랑은 보다 심오한 의미에서 놓아두기다. 즉, 본
질을 불러내는 놓아두기."[118] 그래서 사랑이란 "한 사람
의 다른 사람을 향한 가장 내적인 자유"[119]다. 그러나 의
도를 나타내는 동사 'volo'로 인해 이 사랑에는 양가성과
이중적 의미가 깃든다. 그래서 한나 아렌트는 하이데거
의 사랑 개념에 대해 정당한 의문을 제기한다. "볼로 우
트 시스. 이 말은 '나는 네가 너 본래의 존재이기를 원한
다, 네가 너의 본질이기를 원한다'라는 의미로 해석될 수
있다. 그렇다면 그것은 사랑이 아니라, 존재에 대한 확인
을 구실로 타자의 본질까지도 자기 자신의 의지의 대상
으로 만들고자 하는 지배욕일 뿐이다."[120] 이러한 독해

는 아우구스티누스의 다른 구절을 환기한다. "논 에님 아마스 인 일로 쿼드 에스트; 세드 쿼드 비스 우트 시트Non enim amas in illo quod est; sed quod vis ut sit"(네가 다른 사람에게서 사랑하는 것은 그의 고유한 존재가 아니라 그가 어떤 사람이어야 한다는 너의 바람이다).[121] '나는 네가 너 자신의 본모습대로 있기를 바란다'는 것이 꼭 "지배욕"이라고 할 수는 없다. 그러나 이러한 사랑의 바탕에는 무엇보다도 주인의 너그러운 마음이 놓여 있다. 그것은 위계적 관계, 이를테면 신과 인간 또는 아버지와 아들 사이의 관계에서만 가능한 사랑이다. 따라서 여기에는 권력의 관여가 전혀 없을 수 없다. 비대칭성과 수직성이 이러한 사랑의 특징이다. 아우구스티누스는 아들에 대한 아버지의 사랑을 두고 다음과 같이 적고 있다. "푸토 퀴아, 시 아마스 필리오스 투오스, 비스 일로스 에세; 시 아우템 일로스 논 비스 에세, 논 아마스Puto quia, si amas filios tuos, vis illos esse; si autem illos non vis esse, non amas"(네 아들들을 사랑한다면 너는 그들이 있는 그대로이기를 바랄 것이고, 그들이 있는 그대로가 아니기를 바란다면, 너는 그들을 사랑하지 않는 것이다).[122] 의지를 나타내는 동사 '볼로volo'가 나타내는 지향성으로 인해 사랑은 자아의 체제 아래로 들어간다. 그리하여 사랑에서는 타자를 향한 여유로운 우의적 태도가 불가능하다. 바로 이 볼로가 철회

될 때, 타자는 **있는 그대로**일 수 있는 자유를 얻는다. 타자를 향한 "가장 내적인" 자유는 아직 타자를 향한 가장 외적인 자유가 아니며, 후자는 오직 **우의** 속에서만 이룰 수 있는 것이다. 사랑도 우정도 아직 자아의 체제 아래 있다. 그래서 아리스토텔레스에 따르면 친구는 "제2의 자아"(알로스 아우토스allos autos)다.[123] "최고도의 우정"은 "자기 자신에게 품는" 사랑과 비교할 만하다.[124] 우정 역시 폭력과 사랑을 지배하고 있는 자아의 체제를 넘어서지 못한다. 그래서 아킬레우스는 펜테질레아에게 이렇게 말한다. "사랑의 힘으로 나는 당신의 것이 됐소. 그리고 나는 영원히 이 굴레를 지고 가오. 그러나 무기의 행운으로 당신은 내게 속하오. 고귀한 그대여, 우리가 전투에서 만났을 때, 당신은 내 발아래 쓰러졌소. 내가 당신의 발아래 쓰러지지 않고."[125]

권력은 행위의 매체다. 권력은 행위의 방향을 조종하거나 가속화하는 데 이용되는 일종의 갑문처럼 작동한다. 행위의 가속화가 일어나는 것은 권력에 예속된 자가 권력자의 결정을 즉시 받들어 실행에 옮기기 때문이다. 반면 폭력은 행위의 매체가 아니다. 폭력이 물론 일정한 목표에 우회로를 거치지 않고 도달하기 위한 수단으로 사용될 수는 있겠지만, 행위를 조종하거나 그것에 영향을 미치는 것이 폭력의 일차적인 목적은 아니다. 권력은 행위의 매체이기 때문에 건설적으로 활용될 수 있다. 반면 폭력은 그 자체만 보면 파괴적이다. 오직 권력이 되고자 하는 의도에서 행사하는 폭력만이 건설적이고 생산적으로 작용한다. 이때 폭력과 권력의 관계는 수단과 목적의 관계가 된다. 반면 타자의 **존재** 자체에 가해지는 폭력은 어떤 현세적 목적도 추구하지 않는다. 그러한 폭력은 파괴의 행위로 끝난다. 반면 절대적으로 파괴적인 권력은 존재할 수 없다. 권력은 언제나 건설적 핵심을 지닌다. 권력은 **일**을 한다. 권력은 여러 규범, 구조, 제도를 산출하고, 스스로를 어떤 상징적 질서 속에 새겨 넣음으로써, 스스로를 조직화하면서 자신의 영향 공간을 확보해낸다. 권력과 반대로 폭력은 **일**하지 않는다. 조직과 관리는 폭력의 본질적 특성과 거리가 멀다. 따라서 폭력은 **해체적**인 것이다. 니체는 폭력과 구별되는 권력의 이러한 특수한 지향성을 인식했다. "권력 감정은 처음에는 정복하고 이어서 지배(조직)로 넘어간다. ― 권력 감정은 **자기 자신의 유지를 위해 극복된 것을 통제하고 그다음에는 극복된 것 자체를 유지한다**."[126] 권력의 본질은 해체적이지도, 파괴적이지도 않다. 권력은 오히려 "조직화"의 경향을 지닌다.

조직화는 연결하고 중개하는 것이다. 조직화를 통해 권력에 예속된 자들은 지배를 안정시키고 영속화하기 위해 권력에 적합하게 조성된 공간 속에 편입된다.

　권력자에 대한 강력한 저항은 권력의 결핍을 말해주는 증거이다. 권력자는 권력이 모자라기 때문에 폭력에 손을 댄다. 폭력의 행사는 무력함Ohnmacht을 권력Macht으로 뒤집으려는 절망적 시도일 뿐이다. 진정 막강한 권력을 쥔 지배자는 폭력을 휘두르겠다는 협박이나 반복하면서 권력을 유지하지 않는다. 물론 폭력을 동원하여 억지로 권력을 획득할 수는 있겠지만, 폭력의 강제를 통해 얻어낸 권력은 견고하지 못하다. 그러한 권력은 쉽게 붕괴하는데, 이는 폭력의 행사로 인해 발생한 균열 때문이다. 권력이 폭력 위에 세워진다는 생각은 틀렸다. 폭력은 권력과는 다른 지향성을 보인다. 따라서 권력의 과정과는 전혀 무관한 폭력 사태도 충분히 있을 수 있는 것이다. 이를테면 증오로 인한 살인은 타자의 존재를 제거하는 것 이상을 목적으로 하지 않는 폭력이다. 여기에 타자에 대한 지배권을 획득하고자 하는 의도는 개입되지 않는다. 폭력을 오직 권력의 관점에서만 고찰하면 폭력의 본질은 드러나지 않는다. 역으로 권력을 오직 폭력의 측면에서만 해석한다면, 권력의 특수한 지향성은 가려질 것이다.

권력은 자아와 타자를 서로 묶어주는 **관계**다. 권력은 상징적symbolisch으로 작용한다. 즉, 관계를 만들고 함께 모으는sym-ballein 작용을 한다.[127] 물론 권력은 악마적 형태를 취할 수도 있다. 악마화된 권력은 억압적이고 파괴적이며 분열시키고 배제하는 힘으로 나타난다. 하지만 권력을 오직 그 악마성의 측면에서만 바라보면 생산적인 작용을 하는 권력의 상징성을 간과하게 된다. 권력과 반대로 폭력은 상징적 매체가 아니다. 폭력은 본질적으로 악마적diabolische이다. 즉, 폭력은 분열적이다dia-ballein. 권력은 상징적 차원을 지니기 때문에 실제로 많은 상징을 산출하며 그러한 상징을 이용하는 까닭에 달변이 된다. 반면 폭력은 그 악마성으로 인해 상징성의 빈곤, 언어의 빈곤을 나타낸다.

권력의 증대는 공간의 증대다. 승전은 공간의 획득으로 이어진다. 제국Reich은 권력의 영역Machtbe-*reich*이다. 제국은 권력이 가닿는reichen 만큼 크다. 공간의 증대는 영토적인 면에서만이 아니라 인적인 층위 혹은 인적 관계의 층위에서도 일어난다. 권력에 예속된 자들이 많아질수록 권력자는 **그만큼 더 자라난다**. 권력자는 예속된 자들 속에서 자신을 연장해가기 때문이다. 권력자의 성기체星氣體, Astralleib(인간의 신체나 영혼을 감싸고 있다고 믿어지는 투명한 외피 - 옮긴이)는 권력의 영향이 미치는 만큼 커진다. 그는 자신이 지배하는 공간, 즉 **스스로** 점령한 공간과 동일한 외연을 가진다. 이러한 권력의 위상학은 왜 권력의 완전한 상실이 공간의 완전한 상실로 느껴지는지를 설명해준다. 권력의 영역만큼이나 큰 권력자의 몸은 권력을 상실하는 순간 죽어 썩어버릴 그의 작은 육체로 쭈그러든다.

권력이 공간을 형성하고 공간화하는 것과는 반대로 폭력은 공간을 파괴하고 **공허**를 남겨놓는다. 폭력은 속을 비워내고 내면을 해체하는 작용을 한다. 반면 권력의 작용은 내면화와 농밀화로 나타난다. 권력의 공간은 언어의 공간이기도 하다. 그래서 이 공간은 여러 상징, 기호, 의미로 채워져 있다. 권력의 공간, 권력의 신체를 파괴하기 위해서는 무엇보다도 권력의 언어를 벗겨내야 한다. 그래서 하르트만 폰 아우에의 《에렉》에서 궁정 권력과 지배 질서의 화신인 기사 카독은 거인들에게 생포되어 옷과 피부가 벗겨지는 고초를 당하는 것이다. 권력은 형식의 원리이고, 폭력은 형식을 파괴한다. 권력은 차이와 경계를 설정함으로써 일정한 질서를 수립한다. 반면 폭력은 탈경계적으로 작용한다. 권력은 한도를 정하고, 폭력은 한도를 정하는 권력에 맞선다. 폭력은 절제를 알지 못한다. **폭력적**인 것은 곧 정해진 한도를 무시하는 것이다.

폭력은 언제나 내면을 가진 자를 겨냥한다. 돌을 부수는 것은 아직 폭력이라고 할 수 없다. 내면은 인간에게만 있는 것이 아니다. 공동체나 시스템도 내면을 지닌다. **자신**을 향한 자기중심적 노력, **자기** 정립은 이들의 고유한 특성에 속한다. 외부로부터 파괴적으로 개입해 들어오는 폭력은 내면의 해체를 초래한다. 폭력은 **자신을 정립하는 자아**를 **제자리에서 이탈시킨다** ent-setzen. 그래서 폭력은 그렇게 경악스러운entsetzlich 것이다. 정립Setzung은 언제나 자리 박탈Ent-Setzung의 가능성을 동반한다. 폭력과 달리 권력은 경악스럽지 않다. 권력은 정립적이기 때문이다. 연속성, 내면, 정립이 권력의 과정을 규정한다. 반면 불연속성, 내면의 해체, 탈정립은 폭력의 구조적 상수에 속한다. 거시물리적 폭력도, 권력도 부정성의 현상이다. 따라서 내부와 외부, 고유한 것과 낯선 것 사이의 적대적 긴장이 양자 모두에 있어서 본질적 의미를 지닌다.

사회의 긍정화 과정이 진행되면서 사회면역학적 매체인 권력의 의미도 점차 줄어든다. 처형의 폭력, 참수의 폭력으로 구현되는 주권자의 권력은 이미 먼 과거의 일이 되었다. 오늘날 정치 조직도, 경제 조직도 위계 구조를 점점 더 해체해간다. 권력은 더 이상 정치의 주도매체가 아니다. 정치적 행위는 점점 더 영웅적, 극적, 이데올로기적 성격에서 탈피하여 전문가와 위원회가 담당하는 복수의 예산관리로 축소된다. 사회의 점증하는 긍정화 과정은 물리적인 것이든 심리적인 것이든 가리지 않고 모든 형식의 폭력에 과거보다 더 큰 도덕적 비난이 돌아가게 한다. 그러나 그것이 폭력의 종말을 의미하지는 않는다. 타자의 부정성뿐만 아니라 긍정성의 과잉 역시 폭력의 원천이 되기 때문이다. 긍정성의 폭력은 박탈적인 것이 아니라 포화적이다. 실행이 아니라 소모, 배제가 아니라 충일이 그러한 폭력의 바탕에 있다. 그것은 억압Repression이 아니라 우울Depression로 나타난다.

침투, 침략, 전염은 거시물리적 폭력의 작동 형식이다. 이들은 모두 면역학적으로 유효한 고유한 것과 낯선 것의 명쾌한 분리를 전제한다. 이에 반해 미시물리적 폭력은 부정성의 결여로 인해 전혀 다른 위상학적, 병리학적 형태를 취한다. 전염Infektion은 경색Infarkt으로 대체된다. 거시물리적 폭력이 표현적, 폭발적, 명시적, 충동적, 침략적 양상으로 표출된다면, 미시물리적 폭력은 함축적이고 파열적인 성격을 띠고 나타난다.

거시물리적 폭력은 주체의 내면에 침입하여 그것을 파괴함으로써 주체를 탈내면화한다. 외부가 내부를 파괴한다. 반면 미시물리적 폭력은 긍정성의 과잉으로 주체를 **산만**하게 만듦으로써 역시 주체의 탈내면화를 초래한다. ADD(주의력결핍장애)나 ADHD(주의력결핍과잉행동장애)와 같은 심리질환은 이러한 해체적 **산만성**의 결과일 것이다. 파괴와 산만함은 다른 것이다. 산만함에는 **타자**의 부정성이 빠져 있다. 산만함은 **같은 것**의 과다에서 비롯된다. 산만하게 하는 것은 지각 기관에 밀려오는 **현세적, 내재적** 사건들이다. 분리적이고 배제적인 거시물리적 폭력과는 반대로 미시물리적 폭력은 더하고 포함시키는 방식으로 작용한다. 거시물리적 폭력은 또한 모든 행위와 활동의 가능성을 파괴한다. 이러한 폭력의 희생자는 극단적인 수동적 상태 속에 던져진다. 반면 미시물리적 폭력의 해체적 작용은 과잉행동장애 같은 증상으로 나타나는 활동의 과다와 관련이 있다.

폭력의 거시논리는 면역학적 모델을 따른다. 폭력은 자아 속으로 침입하여 자아의 고유성을 부정하는 면역학적 **타자**에게서 온다. 그리하여 자아는 타자의 부정성으로 인해 몰락한다. 스스로 타자의 부정성을 다시 부정하지 못한다면 말이다. 면역학적 저항은 부정의 부정이다. 자아는 타자의 위협에 직면하여 타자의 부정성을 부정함으로써 스스로를 관철한다. 부정의 부정이라는 면역학적 공식은 자유를 생성한다. 그러나 오늘의 사회는 면역학적 성격이 뚜렷하지 않다. 타자는 그렇게 큰 부정적 긴장을 유발하지 않는다. 타자는 격렬한 면역반응을 촉발할 만한 실존적 충격을 주지 못한다. 슈미트에 따르면 타자 자체가 적이지만, 오늘날 적도 긍정화되어 경쟁자에 지나지 않게 되었다. 모든 면역반응은 이질성에 대한 반응이다. '지옥, 그것은 타인이다'라는 사르트르의 말은 오직 면역학적 시대에서만 가능한 것이다. 오늘날 이질성은 점점 더 면역반응을 촉발하지 않는 소비 가능한 차이로 대체되어간다. 이러한 차이에는 격렬한 면역저항을 일으키는 낯선 가시가 없다. 이방인도 이국적 타자로 긍정화되어 면역학적 타자와는 반대로 면역반응을 유발하지 못하게 된다. 폭력의 거시논리와 반대로 폭력의 미시논리는 면역학적 모델을 따르지 않는다. 폭력의 미시논리는 **같은 것의 논리**다.

오늘의 사회에 만연한 난교 상태와 면역학적 타자의 부재는 서로 연관된 현상이다. 난교의 어원인 라틴어 단어 프로미스쿠우스promiscuus는 뒤섞임을 의미한다. 난교는 타자에 대한 면역반응의 결핍을 전제한다. 오늘날 삶의 감정을 지배하는 혼종성은 면역성의 대척점에 있다. 면역학적 과민반응은 혼종성을 허용하지 않는다. 지구화 과정은 면역반응의 문턱을 낮추도록 강요한다. 왜냐하면 타자에 대한 강한 면역반응은 극단적인 경계 해체와 규제 폐지로 달려가는 지구화 과정에 장애요인이 되기 때문이다. 긍정성의 폭력은 부정성이 없는 **같은 것**의 공간 속에서 발전한다. 부정성의 결여는 **긍정적인 것이 걷잡을 수 없이 번성하게 한다.** 긍정성의 번성은 내부적인 현상인 까닭에 어떤 면역저항에도 부딪히지 않는다. 그것은 **같은 것의 테러**다.

2부

폭력의
미시물리학

1. 시스템의 폭력

폭력행위가 발생하는 **상황**은 종종 시스템에서 그 원인을 찾을 수 있다. 폭력의 상황은 시스템적 **구조** 속에 편입되어 있으며, 따라서 명시적, 표현적 형태의 폭력은 어떤 내포적 구조들, 지배질서를 확립하고 안정시키는 역할을 하지만 그 자체는 겉으로 드러나지 않는 구조들에서 비롯된다. 갈퉁이 주장하는 "구조적 폭력"의 이론도 폭력이 구조적으로 매개되어 있다는 가정에 바탕을 둔다. 사회 시스템 속에 장착된 구조들은 정의롭지 못한 상태를 유지하는 데 이바지한다. 이들은 불평등한 권력관계와 그 결과로 따라오는 기회의 불평등 상태를 공고히 하지만, 자신의 모습을 겉으로 드러내지는 않는다.[1] 이러한 비가시성으로 인해 희생자들은 지배관계의 폭력을 직접 의식하지 못하게 된다. 그런 만큼 폭력은 더욱 효과적으로 작용하게 된다.

갈퉁이 고찰의 출발점으로 삼는 것은 매우 넓은 의미의 폭력 개념이다. "인간의 육체적, 정신적 실현이 그 잠재적 실현 가능성에 미치지 못하도록 하는 모든 영향력을 폭력이라고 할 수 있다."[2] 이에 따르면 구조적 폭력의 본질은 자원과 기회의 공정한 분배를 방해하는 박탈의 부정성에 있다. 이 폭력 개념은 너무 일반적이어서 폭력의 진정한 핵심, 폭력을 다른 부정적 사회의 상태와 구별해주는 본질적 속성을 포착하지 못한다. 노동계급의 아이가 상류층 아이보다 교육 기회를 적게 누리는 것은 폭력이 아니라 불공정일 뿐이다. 폭력이 사회적 부정성 일반의 상징으로 확대 해석되면 그 개념적 윤곽은 완전히 흐려지고 만다.

갈퉁의 폭력 개념은 무엇보다도 권력과 폭력의 차이를 포착하지 못한다. 그래서 그는 폭력을 권력관계와 지배관계의 초석인 위계질서와 서열의 문제로 환원한다. 피억압자는 권력이 없다. "왜냐하면 피억압자들에게는 권력을 조직하고 '승자'에 대한 저항에 효과적으로 이를 동원할 가능성이 구조적으로 차단되어 있기 때문이다."[3] 사회적 구조는 애초에 저항 자체가 일어나지 않게 한다. 그러므로 정확하게 말하자면 폭력 없이도 지배가 가능해지는 것이다. 구조적 폭력은 엄격한 의미에서 폭력이 아니며, 차라리 지배 기술이라고 해야 할 것이다. 그것은 폭력적 지배보다 훨씬 더 효과적인 은밀한 지배를 가능하게 한다.

부르디외의 "상징 폭력" 역시 사회 시스템 자체에 내재한다. 상징 폭력은 의심 없이 받아들여지고 반복되는 아비투스(부르디외 사회학의 주요 개념. 인간이 사회화되는 과정에서 몸에 밴 태도와 취향, 생활습관과 사회적 스킬, 스타일 등을 총칭한다. 아비투스는 사회적 지위와 계급의 영향이 인간의 신체에 새겨진 결과이며 그러한 사회적인 것의 기호로 작용한다-옮긴이)적 지각과 행동 패턴 속에 새겨져 있다. 인간은 습관적으로 **규범에 합당하게** 행동함으로써 지배관계를 긍정하고 존속시킨다. **일상**의 영위가 이미 기존 지배관계의 긍정이다. 상징 폭력은 **물리적 폭력의 소모** 없이 지배의 유지에 기여한다. 이때 지배에 대한 순응은 의식적인 것이 아니라 반사적, 전前반성적 성격을 띤다. 상징 폭력은 **존재**에 대한 이해와 **지배**에 대한 동의가 하나가 되도록 만든다. 상징 폭력은 지배관계를 거의 자연으로, 하나의 사실로, 누구에게도 의심받지 않는 **그러함**으로 보이게 함으로써 매우 효과적으로 지배관계를 공고히 한다.

부르디외 역시 권력과 폭력을 분명히 구별하지 않는다. 그는 권력과 폭력을 거의 동의어처럼 사용한다. "모든 권력은 상징적 차원을 지닌다. 권력은 피지배자에게서 일종의 지지를 얻어내야 하는데, 그것은 깨어 있는 의식의 자발적 결정이 아니라 사회화된 신체의 즉각적이고 전반성적인 굴종에서 나오는 동의다."[4] 권력과 폭력은 가까운 관계에 있지만 이들 사이에는 구조적 차이가 있다. 바로 권력의 상징적 차원이 **폭력이 없이도** 지배가 이루어질 수 있게 해준다. 전반성적 지지가 상징적 차원에서 지배를 산출하는 만큼 지배를 위한 노골적 폭력의 필요성은 줄어든다. 반면 상징적 매개를 통해 습관화되고 자동화되지 못한 지배는 막대한 폭력과 강압 수단에 의지하여 힘겹게 버텨갈 수밖에 없다.

구조적 폭력도 상징적 폭력도 지배관계, 계급 간의 위계적이고 적대적인 관계를 전제한다. 이러한 폭력은 지배 계급이 피지배 계급에게, 권력자가 권력에 예속된 자에게, '승자'가 '패자'에게 행사하는 것이다. 여기서 가해자와 피해자는 뚜렷이 구별된다. **타자 착취**가 자행된다. 타자 착취를 뒷받침하는 상징적-구조적 폭력은 부정성의 폭력이다. 희생자는 외적 강압에 노출된 상태다. 그것은 내면화된 강압이기는 하지만 타자의 강압이라는 사실에는 변함이 없다.

지젝이 말하는 "객관적 폭력"도 상징적-구조적 폭력과 거의 다르지 않다. 지젝 자신도 "사회적-상징적 폭력"이라는 표현을 사용한다. 그것은 이데올로기를 사람들이 의식적 결정 이전에 그대로 수긍하는 자연적 소여로 변환한다. "사회적-상징적 폭력은 그 순수한 형식에서 자신의 반대항으로, 즉 우리가 살아가는 자연발생적 환경으로, 우리가 호흡하는 공기로 나타난다."[5] 그것은 "지배와 착취 관계를 지탱하는 은밀한 형태의 강압"[6]을 산출한다. 명백한 폭력 행위 이전에 놓여 있는 시스템 내재적 폭력으로서 그 자체는 보이지 않게 가려져 있다. 그것은 또한 지배 계급이 피지배 계급에게 행사하는 폭력이라는 점에서 부정성의 폭력이라고 할 수 있다. 이 폭력은 예컨대 "전 지구적 자본주의의 사회적 조건"에 내재하며 "노숙자와 실업자처럼 배제된 개인, 포기해도 무관한 개인"을 양산한다.[7] 지젝에 따르면 아감벤의 호모 사케르는 이러한 시스템 내재적 폭력의 희생자다. 뉴올리언스 폭동 당시 지젝은 다음과 같이 말한 바 있다. "지구상에 평화, 자유, 민주주의에 대한 위협이 있는 곳이면 어디나 출동하는 세계경찰 미국이 자국 일부에 대한 통제를 상실했다. 뉴올리언스는 며칠 동안 약탈과 살인과 강간이 난무하는 정글이 되어버렸다. 죽은 자들, 죽어가는 자들의 도시. 철학자 조르조 아감벤이 호모 사케르라고 부른 사람들, 문명의 질서에서 배제된 사람들로 가득 찬 종말 이후의 죽음의 현장."[8]

지젝의 폭력 이론은 부정성의 모델을 고수한다. 그래서 폭력은 배제와 분리의 장벽을 세운다. "(상대적인) 경제적 풍요의 영역 내부에 있는 사람들과 이 영역 바깥에 있는 사람들 사이에 근본적인 간극이 벌어진다."[9] 이러한 폭력의 희생자는 풍요의 지대 바깥에서 헐벗은 삶을 영위하는 호모 사케르만이 아니다. 실업자나 그 밖의 사회적 약자 같은 특정 사회 집단도 희생자에 속한다. 지젝에 따르면 서방의 사회 시스템은 "막대한 압력"으로 "우리의 자유로운 여성들"로 하여금 "자유로운 성 거래 시장에서 경쟁력을 갖기 위해 성형 수술대에 눕고 실리콘을 몸에 집어넣고, 보톡스 주사를 맞게 한다."[10] 고통스러운 성기 절제를 강요하는 아프리카 사회와 근본적으로 다르지 않다는 것이다.

지젝에 따르면 "객관적 폭력"은 지배와 착취의 관계를 떠받친다. 그가 말하는 착취는 곧 타자 착취다. 지젝은 **지배 없이** 자행되는 폭력, **자기 착취**를 불러오는 폭력, 사회의 일부가 아니라 사회 전체를 사로잡고 있는 **시스템의 폭력**을 간과한다. 서방의 성과사회가 만들어내는 강압은 여성이나 노동계급만이 아니라 사회 구성원 **전체**를 구속한다. 지젝의 생각과는 달리 오늘날 성형수술은 여성의 전유물이 아니다. 시장에서 경쟁력을 갖고자 하는 남성들도 기꺼이 성형에 몸을 바친다. 몸을 최적화해야 한다는 강압은 차별 없이 모두에게 덮쳐온다. 최적화의 강압은 보톡스, 실리콘, 에스테틱의 좀비뿐만 아니라 근육질, 근육강장제, 피트니스의 좀비도 양산한다. 성과사회는 도핑사회이기도 하다. 계급과 성별의 차이는 중요하지 않다. 강자도 약자도 성과의 명령, 최적화의 명령에서 벗어나지 못하며, 사회의 **모든** 구성원이 소진의 위험에 노출되어 있다. 오늘날 우리는 **모두** 성과의 좀비, 건강의 좀비가 된 것처럼 보인다. 이러한 시스템적 폭력의 희생자는 공동체에서 추방당한 호모 사케르가 아니라 시스템 속에 갇힌 성과주체다. 성과주체는 자기 자신의 경영자로서 누구에게도 예속되어 있지 않기에 그 점에서는 자유롭다고 할 수 있지만 이와 동시에 자기 자신의 호모 사케르이기도 하다. 시스템적 폭력은 배제의 폭력이 아니다. 그것은 오히려 모두를 가두어놓는다. 모두가 시스템의 포로가 되어 시스템의 강요에 따라 자기 자신을 착취한다.

부르디외의 "상징 폭력"도, 갈퉁의 "구조적 폭력"도 사회 시스템의 모든 성원에게 무차별하게 가해지는 시스템적 폭력과 구별된다. 시스템적 폭력은 모두를 희생자로 만들며 계급 간의 적대관계도, 상층과 하층의 위계적 관계도 이러한 폭력의 전제가 되지 못한다. 시스템적 폭력은 어떤 적대관계나 지배관계 없이 행사된다. 폭력의 주체는 권력을 쥔 개인도, 지배 계급도 아니다. 시스템 자체가 폭력의 주체다. 억압이나 착취에 대해 책임을 지울 행위의 주체는 존재하지 않는다.

시스템적 폭력은 긍정성의 폭력으로서, 방해하고 거부하고 금지하고 배제하고 박탈하는 부정성을 알지 못한다. 시스템적 폭력은 과잉과 대량화, 초과, 포만, 소진, 과

잉 생산, 과잉 축적, 과잉 커뮤니케이션, 과잉 정보의 형
태로 현현한다. 그것은 긍정성으로 인해 폭력으로 느껴
지지도 않는 그런 폭력이다. **과소**뿐만 아니라 **과다**도, **해서
는 안 된**다는 부정성뿐만 아니라 **모든 것을 할 수 있다**는 긍
정성도 폭력으로 귀결된다.

오늘날 사람들은 같은 것의 과다, 긍정성의 과잉에 점
점 더 심리적 해제반응으로 반응한다. 그리하여 **신경성 식
욕항진증**이 생겨난다. 신경성 식욕항진증은 부정성에 대
한 **면역반응**이 아니다. 면역시스템은 같은 것의 과다에 대
해서는 아무런 응답도 하지 않는다. 그래서 긍정성의 폭
력은 어쩌면 부정성의 폭력보다 더 치명적인지도 모른
다. 우울증이나 소진증후군은 **지배적인 것**에 대한 거부와
부정의 뚜렷한 징후다. 여기서도 착취자와 피착취자 사
이의 차이는 사라진다. 약자뿐만 아니라 강자도 소진증
후군에 시달린다. 희생자는 동시에 시스템의 공모자다.
희생자는 시스템이 원활하게 돌아가게 하는 가해자와 구
별되지 않는다. 폭력은 자기 착취를, 가해자와 피해자의
일치를 초래한다는 점에서 자기관계적인 성격을 띤다.

2. 권력의 미시물리학

푸코의 권력이론에서 핵심테제는 다음과 같다. 17세기 이후 권력의 현상 형태는 주권자가 행사하는 죽음의 권력에서 규율권력과 생명권력Biomacht으로 이행한다. 주권자의 권력은 칼의 권력으로서 목숨을 위협한다. 이러한 죽음의 권력은 "목숨을 지배하고 제거할 수 있는 특권"[11]에서 정점에 이른다. 반면 규율권력은 "복종하는 자들의 힘을 북돋우고, 강화하고, 통제하고, 감시하고, 증대하고 조직하는" 작업을 한다. 규율권력은 피지배자들의 힘을 "저지하고 굽히고 파괴하기보다 그것을 만들어내고 키우고 질서 있게 만든다.[12] 규율권력은 주권자가 휘두르는 죽음의 권력이 아니라 삶의 권력Lebensmacht이다. 이 권력의 "최고의 기능은 죽이는 것이 아니라, 삶을 완전하게 관철하는 것"[13]이다. 주권의 현현으로서 오랫동안 지속되어온 죽음의 막강한 위세는 이제 "신체의 세심한 관리"와 "계산에 입각한 삶의 계획"[14]으로 대체된다. 규율권력은 신체를 학대하는 대신 명령과 금지의 시스템 속에 속박한다.

주권권력은 육체와 영혼의 아주 작은 빈틈까지 파고들어가 영향력을 발휘하는 규율권력의 미세한 작용과는 거리가 멀다. 푸코의 "권력의 미시물리학"은 고통과 죽음보다는 규범과 습관을 산출하는 권력의 처리 방식들을 기술한다. 그것은 "폭발적으로 분출하기보다는 성질을 규정하고 측정하고 가늠하고 등급을 매긴다."[15] 미시물리적 권력은 "주체들을 규범 주위에 배치함으로써 규범을 지향하도록 만든다." 그것은 권력으로서의 정체를 숨기고 자신이 사회 자체라고 주장하는 정규화 권력이다. 정규화 사회는 "삶 쪽으로 방향을 정한 권력 기술의 역사적 효과"다. 이러한 권력 기술은 "인구"를 발견하고 "생명권력"의 모습을 하고 등장한다. "생식, 출산율, 사망률, 건강 정도, 수명, 장수, 이를 둘러싼 모든 변이 조건들은 생명권력이 개입하고 **규제**하고 **통제**하는 대상이 된다. **인구의 생명정치**."[16]

죽음권력의 주체는 명료하게 정의된다. 거의 신에 가까운 주권자가 그 주체다. 그러나 규율권력, 생명권력의 **주체는 누구인가? 누가** 지배하는가? 삶의 권력, 또는 생명권력은 **본래 의미에서의 권력**인가? 산업화[17]의 진전은 물론 육체와 정신을 훈육하고 산업화된 기계제 생산의 조건에 적응시킬 필요성을 낳는다. 그러나 삶의 전 영역을 장악한 훈육의 기술이 권력의 기술, 지배의 기술과 꼭 일치하는 것은 아니다. 실제로 푸코가 기술한 것은 새로운 **권력 형태**가 아니라 새로운 **사회 형태**, 규율사회다. 규율사회 그 자체는 권력이나 지배의 형태가 아니다. 그래서 주권권력과 규율 기술은 권력 경제적 관점에서 서로 직접 비교할 수 있는 대상이 아니다. 규율 기술은 권력과 지배의 직접적 현현이 아니라 일반적인 사회적 실천 양식일 뿐이다. 그래서 피지배자뿐만이 아니라 사회의 모든 계급이, 주인도 하인도, 규율사회의 강압에 구속되어 있다. 생명정치도 그 자체는 권력정치가 아니다. "인간의 축적을 자본축적과 일치시키는 것"도 "인구 증가를 생산력 증대에 맞추는 것"[18] 진짜 권력과 지배의 실천 양식은 아니다.

근대에 들어와 권력은 분산되고 흩어지기 시작한다. 점차 **권력이 권력을 상실**해간다.[19] 푸코는 아마도 이러한 사정을 오해했는지 권력 자체를 "비주체적"인 것, 순수하게 구조적인 것으로, "한 영역을 차지하여 조직화하는" "다양한 세력관계"[20]로 정의한다. 그는 "일반적인 지배 시스템"이 "한 요소, 한 집단을 통해, 그들이 다른 집단과 대립하는 가운데 유지되어가는 것"이며 이에 따라 "연쇄적인 이분화를 일으키며 사회 전체에 관철된다"[21]고 말하면서 권력을 이런 지배 시스템과 무관하게 이해하고자한다. 그러나 권력을 모든 지배관계, 모든 위계적 사회질서 바깥에 놓고 생각하는 것은 불가능하다. 게다가 일정한 **주체성, 주체적 지향성**은 권력의 필수적 전제이다. 그 점에서 권력은 힘, 또는 힘의 관계와 다르다. 그러나 푸코는 머릿속에서 탈주체적 권력관계를 그리는 것처럼 보인다. "권력관계는 의도적인 동시에 비주체적이다."[22] 비주체적 지향성은 형용모순이다. 푸코는 나중에 가서야 순수하게 구조주의적인 권력 개념의 약점을 인식한다. "권력은 오직 한편이 다른 편에게 행사하는 그런 형식으로서만 존재한다. 권력은 실행되고 있는 한에서만 존재하는 것이다. 물론 권력이 분산된 가능성의 장에 등록되려면 항구적인 구조의 뒷받침에 의존하기는 해야겠지만 말이다."[23] 권력은 안정을 이루고 분산된 가능성의 장에 정착하기 위해 견고한 구조를 확립한다. 그러나 권력이 그러한 구

조로 환원될 수 있는 것은 아니다. 그것은 권력의 매체일
뿐이다.

푸코는 19세기 이후 전쟁이 미증유의 잔혹함을 띠게
되었음을 지적한다. 엄청난 살해 폭력이 냉소적 표정으
로 모든 한계를 가볍게 뛰어넘으며 확산될 수 있었던 것
은 "그것이 삶을 장악한 권력, 그리하여 삶을 강화하고
배가하며 하나하나 통제하고 전체적으로 조정하는 긍정
적 '생명권력'의 보충적 기능일 뿐이기 때문"[24]이었다. 전
쟁은 더 이상 주권자의 이름으로, 주권자를 수호하기 위
해 수행되지 않는다. 전쟁의 명분은 모든 사람, 즉 전 "인
구population" 또는 전 "주민habitants"의 생존이다. "삶과 생
존, 신체와 인종의 관리자라는 그 수많은 정부가 그토록
많은 전쟁에서 그토록 많은 사람을 죽게 했다. [⋯] 살기
위해 죽여야 한다는 전쟁터의 원리가 국가 간 관계에서
의 전략 원리가 되었다. 그런데 이런 싸움에서 걸려 있는
것은 주권의 법적 존재가 아니라 주민의 생물학적 실존
이다."[25] "민족"이나 "국민"의 이름으로, 즉 "모두의 생존
을 위하여" 벌이는 전쟁은 주권자의 이름으로 벌이는 전
쟁보다 더 많은 살해 폭력을 휘두른다. 그러나 **다른** 민족
과 국가를 향한 살해 폭력이 "삶의 완전한 관철"을 목표

로 하는 저 **"긍정적인 삶의 권력"** 안에 포함되어 있는 것은 아니다.

푸코는 폭력에 대한 감각중추가 발달하지 않은 듯하다. 그는 고문 역시 진리의 생산이라는 측면에서만 고찰할 뿐[26] 그 속에 내재하는 폭력과 쾌락의 경제에는 주목하지 않는다. 자살의 근저에 있는 폭력 또한 그는 간과한다. 그의 지적에 따르면, 자살이 "과거에는 오직 주권자만이 […] 가지고 있던 삶과 죽음을 관장하는 권리를 찬탈하는 행위이기에 범죄시되었"지만, "정치권력이 삶의 관리를 떠맡은 사회"에서 자살이란 사회학적 분석의 대상에 지나지 않는다. 푸코는 자살이 "규칙적이고 지속적으로 일어나는 자연적 사건이며, 따라서 특별히 주의를 쏟을 이유는 없다"고 본다.[27] 그는 또한 이른바 규율사회에서 자기 자신을 겨냥한 폭력이 급격히 증가하고 있다는 데 대해서도 별로 신경을 쓰지 않는다. 그것은 바로 규율사회에 내재하는 폭력의 구조와 밀접한 관련이 있지만, 푸코에게 그러한 폭력의 구조는 보이지 않게 가려져 있다.

《호모 사케르》 서문에서 아감벤은 기이하게도 "푸코가 생명정치의 장 그 자체인 강제수용소와 거대한 20세기 전체주의 국가의 구조를 연구 대상으로 삼지 않"[28]았다는 점을 지적하면서 그러한 "기이한 사정"을 푸코의 때 이른 죽음 탓으로 돌린다. 죽음으로 인해 그는 생명정치의 모든 함의를 전개하지 못했고 연구가 어떤 방향으로 심화될 수 있을지를 지시할 수도 없었다는 것이다. 아감벤은 푸코의 생명정치 이론이 수용소의 살해 폭력을 설명할 수 있도록 구상된 것이 아님을 인식하지 못한다. 이 이론은 **감옥과 수용소의 차이**를 알지 못한다. 감옥은 규율사회의 필수적 구성 요소, 즉 규율사회의 한 **장소**다. 반면 수용소는 **비-장소** Ab-Ort다. "신체의 세심한 관리"와 "삶의 산술적 계획"을 목표로 하는 푸코의 생명정치는 수용소와 같은 비-장소에 접근하지 못한다. 수용소의 살해 폭력은 "삶의 완전한 관철"을 핵심으로 하는 생명정치적 경제와 대척적인 지점에 놓여 있다.

푸코의 《감시와 처벌》은 다음과 같은 말로 마무리된다. "이러한 중심적이고 중앙집중화된 인간성은 복잡한 권력관계들의 결과와 도구이고, 다양한 '감옥' 장치에 예속된 신체와 힘이며, 그 자체로 이미 전략의 요소인 담론들의 대상인바, 그 속에서 우르릉대는 전투 소리가 들려온다."[29] 감옥, 병원, 교도소, 병영, 공장으로 이루어진 푸코의 규율사회는 오늘의 사회를 반영하지 않는다. 규율사회는 이미 오래전에 유리로 번쩍이는 오피스타워와 쇼핑몰, 피트니스센터, 요가스튜디오, 성형외과가 범람하는 사회로 대체되었다. 21세기의 사회는 규율사회가 아니라 성과사회다. 규율사회의 높은 담장은 어느새 까마득한 과거의 유물처럼 되었다. 그것은 명령과 금지를 특징으로 하는 부정성의 사회에 속한다.

복종주체는 착취하는 지배기구에 예속되어 있다. 푸코가 주권권력에 속한다고 말하는 "징수"는 타자 착취다. 복종주체와 반대로 성과주체는 아무에게도 예속되어 있지 않기에 자유롭다. '해야 한다'가 아니라 '할 수 있다'가 그의 심리 상태에 본질적 계기가 된다. 성과주체는 자기 자신의 주인이 되어야 한다. 명령이나 금지가 아니라 자유와 주도권이 그의 실존을 규정한다. 성과의 요구는 자유를 강제로 전도시킨다. 타자 착취가 가고 자기 착취가 온다. 성과주체는 아주 쓰러져버릴 때까지 자신을 착취한다. 폭력과 자유는 하나로 합쳐진다. 폭력은 자기관계적인 성격을 얻는다. 착취자는 피착취자다. 가해자는 동시에 피해자다. 소진은 이런 역설적 자유의 병리적 현상이다.

자유의 얼굴을 한 긍정성의 폭력은 부정성의 폭력보다 더 음험하다. "우르릉대는 전투 소리"는 아직 그치지 않았다. 다만 소리의 원천이 달라졌을 뿐이다. 그 소리는 단일한 전투, 어떤 지배나 적대관계도 없는 전투에서 들려온다. 우리는 자기 자신과 전쟁을 치르며 스스로에게 폭력을 가한다. 전투 소리는 규율사회의 수감시설이 아니라 **성과주체의 영혼**에서 울린다. 역설적이게도 새로운 감옥은 **자유**다. 그것은 수인이 동시에 감시인이기도 한 노동수용소다.

전근대적인 주권사회는 **참수**Dekapitation의 폭력을 내포한다. 피가 이 폭력의 매체다. 근대적 규율사회 역시 부정성의 사회다. 규율의 강제, 즉 "사회적 정형술"이 이 사회를 지배한다. 규율사회의 폭력 형태는 **변형**Deformation이다. 참수도 변형도 후기근대의 성과주체를 기술하는 데는 적합하지 않다. 성과주체는 자유와 강제가 분간할 수 없게 된 긍정성의 폭력에 지배당한다. 이러한 폭력에 조응하는 병리적 현상은 **우울증**Depression이다.

3. 긍정성의 폭력

예컨대 종교는 부정성의 시스템이다. 종교는 명령, 금지, 제의로 긍정성의 번성을 억제한다. 이로부터 명확한 윤곽, 고도로 긴장된 의미론과 분위기를 지닌 기호와 공간이 생겨난다. 그리하여 종교는 사회 시스템의 엔트로피를 매우 낮은 수준으로 유지한다. 반면 규제 철폐, 경계 파괴, 제의의 파괴가 현재까지 광적으로 진행되면서, 부정적인 것은 엄청난 규모로 해체된다. 부정성의 해체는 과잉된 긍정성을, 보편적 난교를, 과도한 이동성, 소비, 커뮤니케이션, 정보, 생산을 초래한다.

긍정적인 것이 대량화됨에 따라 순환계가 막히고, 이는 결국 시스템의 경색으로 이어진다. 이 과정이 일정한 지점까지 진전되면, 정보는 더 이상 정보 가치가 없고, 생산은 더 이상 생산적이지 못하며, 커뮤니케이션은 더 이상 소통에 기여하지 못한다. 모든 것이 본래의 목표와 사명, 효용의 경제 너머로 웃자라고 무성해진다. 그래서 보드리야르 역시 다음과 같이 말한다. "중단 없는 긍정성의 생산이 끔찍한 결과를 낳았다. 부정성이 위기와 비판으로 이어진다면, 과도한 긍정성은 재앙으로 나아간다[…]. 부정적 요소를 박해하고 밀쳐내고 싹을 죽여버리는 모든 구조는 총체적 전도에 따른 재앙의 위험에 스스로 걸어들어간다. 마치 모든 살아 있는 유기체가 자신의 배아세포, 간상균杆狀菌, 기생충, 기타 생물학적 천적을 추적하여 제거하다가 암과 전이의 위험, 즉 자기 자신의 세포를 집어삼키는 긍정성의 위험에 빠지거나, 임무를 찾지 못하여 스스로를 먹어치우려 하는 항체의 바이러스성 위협에 직면하듯이 말이다. 자신의 나쁜 부분을 박멸하는 자는 스스로의 죽음에 최종 확인 도장을 찍는 셈이다. 그것을 나쁜 부분의 정리라고 한다."[30] 보드리야르의 논의가 안고 있는 문제점은 억압과 귀환이라는 전통적 도식을 따른다는 데 있다. 타자, 또는 나쁜 부분의 배척이 또 다른 종류의 타자를 불러들인다는 것이다. 면역학적 원리 속에서 작용하는 타자의 부정성이 완벽하게 제거되어 무균 상태의 공간이 만들어진다면, 새로운 바이러스적 형태들, 새로운 질병의 원리가 생겨난다. "동일자에 의지하여 살아가는 자는 동일자로 인해 죽는다. 타자의 결핍은 다른 종류의 타자, 공격할 수 없는 타자를 분비한다. 절대적인 바이러스성 타자가 그것이다. […] 동일자의 유령이 다시 공격을 개시한 것이다. 온통 유사해지려는 강박, 차이의 박멸은 […] 근친상간적 전염의 위험, 악마적 타자의 위협을 초래한다[…]. 그것은 겉모습만 바꾼 악의 원리의 부활이다."[31] 보드리야르에 따르면 의학은 근친상간적 바이러스성이라는 새로운 병의 원리를 이해하지 못했기에 암이나 에이즈를 전통적 질병처럼 취급한다. 이들은 모두 예방의학의 승리가 낳은 질병이다. 질병의 소멸이 낳은 질병, 병리적 형태의 절멸이 가져온 질병, 그래서 전통적 방식의 약 처방으로는 치료가 불가능한 질병인 것이다. "전통적인 약 처방 방식으로 접근할 수 없는 제3의 질병 원리."[32]

적어도 이 지점에서 바이러스성에 관한 보드리야르의 이론은 논증적 엄밀성을 상실한다. 인간면역결핍바이러스HIV는 다른 바이러스와 근본적 차이가 없다. 모든 바이러스가 그러하듯이 HIV 역시 면역학적 타자의 부정성을 나타낸다. 따라서 항체를 동원하여 HIV와 싸우는 것이 원칙적으로 가능한 것이다. 면역학적 관점에서 치료는 부정의 부정이다. 암의 치명성도 보드리야르가 생각하듯이 유기체가 "할 일이 없어진" 자신의 항체에게 파괴당하는 자기면역의 메커니즘과는 무관하다. 암세포는 자신의 세포가 **타자**로 변성된 것이기에 면역저항의 대상에 속한다. 컴퓨터 바이러스도 안티바이러스 프로그램이 반격할 상대라는 점에서 부정성을 전제한다. 즉 HIV든, 암세포든, 컴퓨터 바이러스든, 이들이 유발하는 모든 바이러스적 폭력은 **부정성의 폭력**인 것이다. 그러나 오늘의 시대는 바이러스적 시대가 아니다. 이 시대의 주도 질병은 바이러스나 박테리아를 통한 감염이 아니라, 소진증후군, 활동항진증, 우울증처럼 바이러스적 부정성이 아니라 과잉 긍정성, 긍정성의 폭력에 기인하는 심리적 질병이다.

보드리야르가 긍정성의 병리학을 간파하지 못하는 것은 면역학적 모델을 고집하기 때문이다. "면역, 항체, 이식, 객담喀痰이 그토록 자주 사람들의 입에 오르내리는 것은 우연이 아니다. 궁핍한 시대에 사람들은 흡수와 동화에 관심을 가진다. 그러나 과잉의 시대에 이르면 문제는 거부와 배척이 된다. 보편화된 커뮤니케이션과 정보의 과잉은 인류 전체의 저항력을 떨어뜨릴 위험으로 작용한다."[33] 극도의 과잉 생산, 과잉 성과, 과잉 소비, 과잉 커뮤니케이션, 과잉 정보가 위험에 빠뜨리는 것은 면역시스템이 아니라 심리-신경 시스템이다. 긍정적인 것의 병리학은 면역시스템과는 아무 관계도 없다. 시스템의 비만은 면역반응을 일으키지 않는다. 지방은 **내쫓을**수 있는 것이 아니다. 지방은—그것도 가능한지 모르겠으나—다만 **줄일** 수 있을 뿐이다. **동일한 것**은 긍정적이며, 따라서 이에 맞서는 항체가 형성되지 않는다. 동일한것의 폭력에 직면하여 저항력을 강화하는 것은 무의미하다. 저항력은 오직 **타자**를 막아낼 뿐이다. 배척 가운데도면역성 배척과 비면역성 배척을 구별해야 한다. **구역질**은타자에 대한 반발이라는 점에서 면역학적 반응이라고 할수 있다. **동일한 것**의 과다 역시 구토를 유발하지만, 이는면역학적 방어 반응이 아니라, 소화-심리적 해소 작용일뿐이다.

〈슈피겔〉과의 인터뷰에서 보드리야르는 전쟁의 형태변화에 주목한다. "전선도, 분계선도 더 이상 존재하지 않습니다. 적은 자신을 적대하는 문화의 심장에 들어앉아있어요. 말하자면 이것은 제4차 세계대전입니다. 더 이상 민족, 국가, 시스템, 이데올로기 사이의 전쟁이 아닙니다[…]."[34] 보드리야르는 오늘날 새로운 세계대전이 맞서 싸울 **적이 없이** 진행 중이라는 것을 인식하지 못한다. 오늘의 전쟁은 **자기 자신과의 전쟁**이다. 적대관계라는 부정성이 사라진 까닭에 전쟁은 **자기관계적**으로 된다. 파괴하는 자가 파괴된다. 때리는 자가 맞는다. 승리하는 자가 동시에 패배한다. 이 전쟁은 평화를 가장하는 까닭에 전혀 보이지 않고 분명하지도 않다. 그것은 그 누구도 승리를 거둘 수 없는 전쟁이다. 일방의 승리가 아니라, 전체의 붕괴, **전체의 소진**만이 적이 없는 전쟁을 끝낼 것이다. 시스템 전체는 과열로 인해 파열된다. 여기서 작용하는 것은 **파열적** 폭력이다. 파열적implosiv 폭력은 제국주의적 폭력이나 고전적 전쟁 폭력처럼 팽창하며 새로운 공간을 정복하는 폭발적explosiv 폭력과 구별된다. 폭발적 폭력은 외부를 향해 압력을 가한다. 반면 파열적 폭력에서는 외부가 없는 까닭에 압력은 안으로 가해진다. 파열적 폭력은 내부에서 파괴적 긴장과 강박을 만들어내고, 이는 시스템 전체의 **경색**으로 이어진다. 기후와 환경 재앙 역시 시스템의 과열을 징후적으로 보여준다. 소진 상태에 이른 성과주체는 임박한 시스템의 파열을 알리는 병적 전조다.

보드리야르가 구상한 적의 계보학에 따르면 최초 단계의 적은 늑대의 모습으로 등장한다. 늑대는 "공격하는 외부의 적으로서 사람들은 이 적을 막기 위해 요새를 짓고 성벽을 쌓는다."[35] 이 계보학의 이후 단계에서 적은 점점 무게를 잃고 점점 덜 눈에 띄게 된다. 적은 작아지고 몸을 숨긴다. 그래서 두 번째 단계에서 벌써 적은 쥐가 되어 나타난다. 쥐로서의 적은 지하에서 활동하는 까닭에 다른 방어 전략을 필요로 한다. 벽이나 철책으로는 쥐를 당해내지 못한다. "위생" 혹은 청결의 기술만이 쥐에서 발원하는 위험을 막아낼 수 있다. 제3의 단계인 해충을 거치고 나면 마지막으로 바이러스적 형태의 적이 출현한다. "네 번째 단계는 바이러스다[⋯]. 바이러스는 시스템의 심장부에 들어와 있기 때문에 막아내기가 훨씬 더 어렵다."[36] 이제 "유령 같은 적, 전 지구에 확산되는 적, 바이러스처럼 도처에 스며들고 권력의 모든 틈새로 파고드는 적"[37]이 출현한다. 탄저균 테러에 대한 공황 반응은 보드리야르에 따르면 폭력과 적대관계의 형태적, 위상학적 변화를 반영한다. 시스템 안에 둥지를 튼 바이러스성 휴면세포들은 활성화되는 순간 시스템에 적대적 활동을 개시한다. 이들은 내부 속의 외부를 형성하며, 시스템에 외적인 세력으로서 시스템을 공격한다. 여기서 가해자와 피해자는 명백히 구별된다. "바이러스적 폭력" 역시 여전히 적대적 긴장관계 속에서 작용한다. 그것은 부정성의 폭력이다. 적으로서의 테러리스트는 시스템을 뚫고 들어와 파괴하는 면역학적 타자이다.

보드리야르는 테러리즘의 바이러스적 폭력을 오늘날 존재하는 폭력의 총칭으로, 즉 오늘의 폭력 형식 자체로 만들어버린다. 그에 따르면 이슬람 테러리즘은 바이러스적 폭력의 한 종류에 지나지 않는다. "테러에 대항하는 테러"가 일어나고 있다. "어마어마한 폭력"을 바탕으로 전개되는 지구화의 테러에 맞서서 개별자의 테러가 일어나고 있는 것이다. 테러리즘은 "도처에" "우리 모두의 안에" 있다. 테러리즘은 "어떤 행위자라도, 우리 가운데 그 누구라도 잠재적인 공모자로" 이용한다. 테러리즘은 "도처에서 감지되고, 모든 형식의 폭력 속에, 인간의 폭력 속에도, 사고 속에도, 재난 속에도 반쯤 어른거린다."[38] "해체하고 균질화하는" 지구화의 폭력은 그 반동으로 "도처에서 이질적인 세력, 단순히 다른 것이 아니라 적대적이고 제압할 수 없는 세력을" 불러낸다.[39] 보드리야르는 지구화의 폭력에 저항할 것을, 그 폭력에 대항하여 "급진적인 개별성, 개별성으로서의 사건"을 맞세울 것을 촉구한다.

이로써 "개별성의 반란"[40]이 선언된다. 보드리야르는 안토니오 네그리처럼 포스트모던적인 개별성의 낭만주의에 빠져든다. 이러한 테제와는 달리, 오늘날 사회적 적대 관계가 형성되고 확산되는 것은 지구적인 것과 개별적인 것 사이에서가 아니다. 두드러지게 사회적인 것이 침식되어가는 오늘의 사회는 오히려 **우리**로서의 결속이 약화된 채 낱낱이 고립되어 첨예화된 경쟁 속에 빠져 있는 자아들을 낳을 뿐이다. 그들은 함께 지구적인 것에 대항할 수 있는 개별자가 아니다. 그들은 오히려 모두 지구적인 것의 동조자, 공범자인 동시에 희생자다. 그들은 모두 미니 경영자로서 그들 사이에 가능한 관계는 기껏해야 비즈니스적 관계일 뿐이다. 오늘날에는 이슬람 테러리즘도 진정한 위협이 되지 못한다. **타자의 테러**보다 훨씬 더 위협적인 것은 **같은 자의 테러, 내재성의 테러**다. 부정성이 없는 이러한 테러에는 효과적인 방어 수단도 있을 수 없다.

보드리야르는 지구적인 것의 테러를 바이러스적 폭력으로 규정하지만 이는 잘못된 생각이다. 〈지구적인 것의 폭력〉이라는 글에서 그는 이렇게 말한다. "그것은 바이러스적 폭력이다. 네트워크와 가상현실의 폭력, 부드러운 파괴의 폭력, 유전학적, 소통적 폭력, 합의의 폭력, 강제된 상호작용의 폭력. […] 이 폭력은 정면으로 공격해 들어오는 것이 아니라 전염, 연쇄반응, 모든 면역 체계의 무력화를 통해 작동한다는 점에서 바이러스적이다."**41** 지구적인 것의 커뮤니케이션은 **면역학 시대 이후**의 커뮤니케이션이다. 바로 면역학적 부정성의 부재가 과잉 커뮤니케이션을 초래한다. 그리고 그 결과로 생성된 커뮤니케이션 무더기는 시스템의 엔트로피를 증가시킨다. 커뮤니케이션의 새로운 양식은 **전염**이다. 그것은 격렬한 감정 반응과 충동을 거쳐 이루어지는 커뮤니케이션이며 그런 점에서 **의미의 커뮤니케이션**이 아니다. 보드리야르의 가정과는 반대로 여기에는 바이러스적인 것의 부정성이 없다.

오늘날 닥쳐온 시간의 위기는 가속화가 아니다. 가속화 그 자체가 파괴적인 것은 아니다. 가속화된 세포의 성장도 유기체 전체의 경제를 따르는 동안은 대단히 유의미한 것이다. 악마적 양상을 띠는 것은 모든 유의미한 목적의 틀을 넘어서 자기 목적이 되어버린 가속화 과정이다. 그러한 가속화 속에서 진행되는 성장은 성장이 아니라 종양이다. 본래 가속화란 일정한 목표를 향해 진행되는 과정을 전제한다. 오늘날 가속화로 느껴지는 현상은 사실은 **급속한 엔트로피의 증대**일 뿐이다. 사물은 그 속에서 정신없이 휘돌며 걷잡을 수 없이 증식하고, 이로써 시스템을 포화상태로 몰아가는 질식시킬 것 같은 거대한 더미가 형성된다.

간상균이 주위 환경을 파괴하는 것은 아마도 어떤 파괴의 의도가 있어서라기보다는 맹목적인 과잉 성장 과정에 휩쓸려 가기 때문일 것이다. 간상균은 스스로의 생명과 생존을 어떤 상위의 기관에 의존하고 있으면서도 그것을 인정사정 볼 것 없이 파괴한다. 아르투어 슈니츨러의 다음과 같은 아포리즘은 간상균과 인류 사이의 유사성에 관한 추정을 담고 있다. "인류 역시 우리로서는 전체적으로 파악할 수 없는 어떤 고차적인 유기체 속에서 자신의 삶의 조건과 필연성, 의미를 발견하고 있으면서 정작 그 유기체에 대해서는 질병을 의미하는 그런 존재일 뿐이라고 생각할 수는 없을까? 그래서 인류는 그 유기체를 파괴하려고 드는 존재, 그래서 더 높은 발전 단계에 이르러서는 결국 그것을 필연적으로 파괴하게 되는 존재가 아닐까? 마치 간상균이 '병든' 인간을 죽이려고 달려드는 것처럼! 만에 하나 이러한 가정이 진실에 가까운 것이라고 하더라도, 우리의 상상력은 그걸로 뭘 어찌할 줄을 알지 못한다. 왜냐하면 우리의 정신은 하강하는 것, 우리보다 더 낮은 것을 파악할 수 있을 뿐, 상승하는 것, 우리보다 더 높은 것은 결코 이해하지 못하기 때문이다. 우리가 비교적 안다고 할 수 있는 것은 오직 **저차원적인 것**뿐이고, **고차적인 것**은 언제나 그저 어렴풋이 느낄 수 있을 따름이다. 이런 의미에서 인류 역사는 신에 대한 영원한 투쟁이라고 할 수 있을 것이며, 이때 신은 모든 저항을 해보지만 결국 인간에게 필연적으로 파괴될 것이다 […]."[42] 삶의 많은 영역에서 파괴적인 초과 성장이 진행되고 있는 현금의 상황은 죽음 본능에 대한 프로이트의 테제에 설득력을 더해준다. 언뜻 보기에 진보와 생명의 기운을 발산하는 듯이 보이는 많은 경향들이, 이를테면 후기근대의 성과사회의 과잉 활동이 이 테제에 의하면 죽음 본능에서 나온 파괴적 충동이며, 그것은 종국에 가서 치명적인 붕괴, 시스템 전체의 소진을 초래할 것이다.

4. 투명성의 폭력

투명성이라는 슬로건이 오늘날 사회적 담론을 지배하고 있다. 어떤 포괄적인 과정이, 즉 그 복합성과 심층적 영향이라는 면에서 민주주의, 정의, 진리 같은 문제를 훌쩍 뛰어넘는 어떤 패러다임의 전환이 일어나고 있는 것이다. 도처에서 작용하는 투명성의 강박이 시사하는 바는 **과잉된 긍정성**의 지배 속에서 **부정성**이 날로 해체되어가는 사회적 구도의 성립이다. 문턱, 구별, 경계선의 해체는 다양한 방식으로 사회적 순환계통의 비대화, 비만화라는 결과를 가져온다. 따라서 투명성의 명령은 **과잉 커뮤니케이션, 과잉 정보, 과잉 가시성**과 같은 현상과 따로 떼어놓고 이해할 수 없는 문제다.

신성한 것의 위상학을 규정하는 것은 접근 불가능이라는 **부정성**이다. 신성한 공간이란 외부와 완전히 구별되고 폐쇄되어 있는 배타적 공간이다. 넘을 수 없는 문턱이 이 공간을 속화될 위험에서 보호해준다. 종교의 경험은 문턱의 경험, **전혀 다른 것**의 경험이다. 반면 투명한 사회는 긍정성의 사회인 까닭에 모든 것을 **동일하게 균질화함**으로써 모든 문턱을, 모든 문턱의 경험을 파괴한다. **전혀 다른 것의 초월성**이 **동일한 것의 투명성**에 밀려난다. 문턱은 시야를 차단한다. 반면 오늘날 시야는 과잉 가시성에 이를 만큼 한계를 모르고 뻗어간다. 문턱은 모든 것과 모든 것의 난교와 삼투를 막는 작용을 한다. 반면 투명사회에서는 보편적 난교와 삼투가 두드러진 특징이 된다.

하나의 시스템이 시스템 자신과 완전히 일치하지 못하도록 하는 것, 자기 자신에게 투명해지지 못하게 하는 것은 통약 불가능한 타자성이다. 그런데 스스로에 대한 투명성이 모든 시스템이 추구하는 목표일 수는 없다. 오히려 많은 시스템에서 투명성이 불가능하다는 바로 그 사실이 시스템을 가능하게 하는 조건이 된다. 신앙의 경우 투명성의 문제는 애초에 제기조차 되지 않는다. 이 점에서 믿음은 자기 투명성을 궁극의 목표로 삼는 지식의 시스템과 구별된다. 신뢰에 있어서도 알지 못함이라는 부정성이 본질적 요소를 이룬다. 확실성이 주어진다면 신뢰는 불필요해진다. 신뢰는 앎과 알지 못함 사이의 중간 상태이기 때문이다. 사유와 전면적 투명성 역시 양립할 수 없다. 전면적 투명성은 사유를 긍정화하여 **계산**으로 만들어버린다. 계산과 반대로 사유는 **여러 경험을 거쳐오면서 변신**하고 **변화**한다. "무언가를, 그것이 사물이든, 인간이든, 신이든, 무언가를 경험한다는 것은 그것이 우리에게 일어난다는 것, 우리를 때린다는 것, 우리 위로 덮치고, 우리를 쓰러뜨리고, 변화시킨다는 것을 의미한다."[43] 어원적으로 흥분, 감동을 의미하는 단어 가이스트Geist(정신)는 결코 자신에 대해 완전히 투명하지 않다. 자기 투명성에서는 어떤 흔들림도, 어떤 충격적인 감동도 생겨날 수 없다. 투명성에 대한 줄기찬 요구의 바탕에는 어떤 형태의 부정성도 없어진 세계, 또는 그런 인간의 이념이 깔려 있다. 완전히 투명한 것은 기계다. 투명한 커뮤니케이션이란 인간에게는 가능하지 않은 기계의 커뮤니케이션일 것이다. 전면적 투명성의 강박은 인간 자신을 시스템의 한 기능적 요소로 획일화한다. 여기에 투명성의 폭력이 있다. 한 인간의 전체적 인격 역시 어느 정도 접근할 수 없고 침투할 수 없는 면을 포함한다. 인간을 완전히 들추어내고 그에게 과도한 조명을 비추는 것은 폭력일 것이다. 페터 한트케는 이렇게 쓴다. "다른 사람들이 나에 대해 알지 못하는 것으로 나는 살아간다."[44]

투명성을 낳는 것은 모든 것이 저마다 각자의 모습대로, 임의의 것이 그 아름다운 임의성을 잃지 않게, 즉 다른 것이 자신의 통약 불가능한 이질성을 유지한 채로 나타날 수 있게 해주는 우정 어린 빛이 아니다. 오히려 투명성의 일반적 정치학은 모든 것을 동일한 것의 빛 속에 가둠으로써 이질성을 소멸시키는 방향으로 작용한다. 투명성이라는 목표에 이르기 위해서는 타자를 제거하지 않으면 안 되는 것이다. 투명성의 폭력은 궁극적으로 타자를 동일한 것으로 획일화하고 이질성을 제거하는 양상을 나타낸다. 투명성은 동일화를 초래한다. 투명성의 정치학은 동일한 것의 독재다.

투명성의 명령은 모든 부정성을 제거하고 머무름, 중단, 머뭇거림을 불필요하게 만듦으로써 커뮤니케이션을 가속화한다. 커뮤니케이션은 동일한 것이 동일한 것에 대답할 때, 동일한 것의 연쇄반응이 일어날 때 최대 속도에 이른다. 반면 이질성은 커뮤니케이션에 제동을 건다. 투명한 언어란 어떤 애매성도 알지 못하는 기계적이고 기능적인 언어다. 투명성의 강요는 막연한 것, 들여다볼 수 없는 것, 복합적인 것을 파괴한다. 계산Zählen은 이야기하기Erzählen보다 더 투명하다. 가산Addition은 서사Narration보다 더 투명하다. 잘 알려져 있다시피 숫자는 시간에서 향기를 빼앗아간다. 투명한 시간은 향기가 없는 시간이다. 이 시간에는 사건도, 서사도, 장면도 없다. 서사적 줄기가 완전히 사라져버리면, 시간은 점점이 늘어선 원자화된 현재의 행렬로 해체된다. 기억 역시 자신에 대해 투명하지 않다. 단순히 가산적 방식으로 작동하는 저장 장치와 반대로 서사적 구조를 갖추고 있기 때문이다. 기억의 자취는 역사성과 서사성으로 인해 끊임없는 재편과 다시 쓰기의 과정을 겪는다.[45] 반면 저장된 데이터는 늘 자기 **동일성**을 유지한다.

정치는 그 자체가 **전략적 행위**이다. 따라서 비밀 영역은 정치의 본질적 요소를 이룬다. 정치가 단순히 노동에 지나지 않는 관리나 행정과 구별되는 것은 바로 이 지점에서다. 정치 행위는 **노동**이 아니다. 의도를 완전히 드러내면 **게임**도 불가능해진다. 게임 역시 전략 행동이기 때문이다. 전략이 불가능한 경우에 남는 것은 여론조사와 같은 통계적 수치뿐이다. 카를 슈미트는 이렇게 말한다. "공개주의 원칙과 특수한 적대관계에 있는 것은" "아르카눔, 즉 정치 기술적 비밀이 모든 정치의 본질적 속성이라는 관념이다. 사유재산과 경쟁에 바탕을 둔 경제 활동에서 사업과 경영상의 비밀이 필수적인 것만큼이나 정치 기술적 비밀도 절대주의의 필수 요소이다."[46] 비밀 영역이 완전히 사라지면 정치는 무대와 관객 없이는 작동하지 못하는 극장지배Theatrokratie로 전락한다. "18세기까지만 하더라도 아직 대단히 큰 자신감으로 비밀스러움이라는 귀족적 개념을 과감하게 시험해볼 수 있었다. 그런 용기가 사라져버린 사회에서 '아르카눔Arcanum'은 더 이상 존재하지 않을 것이다. 어떤 위계질서도, 어떤 비밀 외교도, 더 나아가서 어떤 정치도 더 이상 성립하지 않을 것이다. 왜냐하면 '아르카눔'은 모든 위대한 정치의 본질적 요소이기 때문이다. 모든 것이 무대 위에서 벌어진다. (파파게노들의 관람석 앞에서.)(파파게노: 모차르트의 오페라 〈마술피리〉에 등장하는 새잡이. 아무것도 모르지만 다 아는 척하는 인물 - 옮긴이)"[47] 슈미트의 폭력의 정치는 비밀의 정치다. 어떤 행위가 정치적일수록 거기에서 더 많은 비밀이 생성된다. 그리하여 슈미트는 정치를 향해 "비밀을 향한 더 많은 용기"[48]를 촉구한다. 권력, 지배와 투명성은 양립할 수 없다. 슈미트의 주권 이념은 절대적 부정성을 전제한다. 주권은 비상사태를 결정할 수 있는 자에게 있다. 법질서 전체를 의심스럽게 만드는 비상사태는 **절대적인 불투명**의 사태다.

투명성의 명령은 모든 거리와 비밀에 대한 존중을 파괴한다. 투명성은 전면적인 인접성과 거리의 부재, 전면적인 난교와 삼투, 전면적인 노출과 현시를 의미한다. 통약되지 않고 침투당하지도 않는 사물의 성질을 철폐함으로써 모든 것을 모든 것과 **동등**하고 비교 가능한 것으로 만드는 돈의 외설적인 노골성 역시 투명하다. 모든 것이 가격으로 표시될 수 있고 모든 것이 수익을 낳지 않으면 안 되는 사회는 외설적인 사회다. 투명성의 사회는 또한 모든 것이 **전시**되는 사회이기도 하다. 이러한 **전시된 사회**에서 모든 주체는 자기 자신의 홍보물이 된다. 모든 것이 그 **전시가치**에 따라 평가된다. 전시되기 때문이 아니라 그냥 존재하기 때문에 생겨나는 **제의가치**는 모두 사라진다. 전시된 사회는 포르노적 사회다. 모든 것이 뒤집어져 밖으로 나와 있고, 벗겨져서 노출되어 있다. 전시된 얼굴은 모든 "시선의 아우라"[49]를 상실한 채 밋밋한 페이스face가 된다. **페이스**는 상품이 된 얼굴이다. 전시의 범람은 모든 것을 "어떤 비밀도 없이 즉각적인 소비에 맡겨지는" 상품으로 만든다. 전면적인 전시, 고삐 풀린 과시의 문화는 외설적이다. 과잉된 가시성은 외설적이다. 사물은 어둠 속에 사라지는 것이 아니라 과도한 노출과 과도한 가시성 속에서 사라진다. "더 일반적으로 볼 때, 가시적인 사물은 어둠이나 침묵 속에서 소멸하지 않는다. 이들은 가시적인 것보다 더 가시적인 것, 외설성 속에서 증발해버린다."[50]

경계와 문턱의 전면적 해체는 포르노적이다. 과도한 정보와 과도한 커뮤니케이션의 그칠 줄 모르는 흐름은 외설적이다. 여기에는 비밀스러운 것, 접근할 수 없는 것, 숨어 있는 것과 같은 부정성이 조금도 없기 때문이다. 모든 것을 커뮤니케이션과 가시화의 과정 속에 던져 넣으려는 강박은 외설적이다. 장면 구성이 빠진 커뮤니케이션은 포르노그래피일 뿐이다. 성적인 의미에서 외설성이란 "육체의 노출과 즉각적이고 무차별적인 성교를 위해 욕망의 연극적 환상을 포기하는 것"[51]을 말한다.

오늘의 투명사회에서 특징적인 것은 포르노적 현시와 파놉티콘적 감시가 서로를 넘나든다는 점이다. 네트워크는 노출증과 관음증이 공급하는 양분을 먹고 전자 파놉티콘이 된다. 감시사회는 주체가 타자의 강요를 통해서가 아니라 **자발적인 욕구**에 따라 스스로를 노출할 때, 즉 자신의 비밀스런 사적 영역을 침해당할 것에 대한 두려움보다 이를 뻔뻔하게 과시하고자 하는 욕구가 더 강해질 때 비로소 완성된다. 성과사회 역시 자유와 자기 착취가 하나가 될 때 최대의 효율에 이른다. **남김 없는 자기 조명**과 **자기 착취**는 하나다.

투명성의 강박은 궁극적으로 윤리적이거나 정치적인 명령이 아니라 경제적인 요구다. **완전 조명**Ausleuchtung은 곧 **착취**Ausbeutung다. **커뮤니케이션**은 **커머스**다. 속이 훤히 밝혀진 자는 착취에 무방비 상태로 맡겨진다. 인간의 과다 노출은 경제적 효율성을 최대화한다. **투명한 고객**은 경제적 파놉티콘에 갇힌 새로운 수감자, 이 파놉티콘 속의 **호모 사케르**Homo sacer다. 소비사회 또는 성과사회의 파놉티콘은 어떤 족쇄도, 담장도, 어떤 폐쇄 공간도 필요로 하지 않는다는 점에서 규율사회의 파놉티콘과 차이가 있다. 이제 사회 **전체**가, 지구 **전체**가 파놉티콘이 된다. 구글 혹은 페이스북 같은 소셜네트워크 서비스는 첩보 기관의 **디지털 파놉티콘**이기도 하다. 검색어를 입력하기만 해도, 프로필을 만들기만 해도, 우리는 파놉티콘적 감시와 통제에 내맡겨진다. 한 인간이 인터넷에 제공하는 데이터만 분석하더라도 그가 지금까지 자신에 대해 알고 있는 것보다 더 많은 것이 투명하게 드러날 것이다. 인터넷은 그 무엇도 잊어버리지 않고 그 무엇도 기억에서 밀어내지 않는다. 규율사회의 파놉티콘과 달리 이제 파놉티콘적 통제는 고립과 감금이 아니라 네트워크화를 통해 작동한다. 오늘날 감시는 **자유의 침해** 속에 이루어지는 것이 아니다. 오히려 자유와 통제가 하나가 된다. 그래서 사람들은 **자발적으로** 파놉티콘적 감시 아래 들어간다. 투명한 유저user는 피해자이자 가해자다. 모두가 인터넷 파놉티콘의 건설에 동참하여 부지런히 일하고 있다. 자유로운 커뮤니케이션과 파놉티콘적 감시는 상호 침투하며 구분할 수 없게 뒤섞인다.

5. 미디어는 매스-에이지다

언어는 커뮤니케이션 매체다. 모든 매체가 그러하듯이 언어 역시 상징적인 양상과 악마적인 양상을 동시에 나타낸다. 따라서 언어의 작용 방식을 상징성과 악마성이라는 두 가지 면에서 고찰하는 것이 유의미할 터이다. 합의를 언어의 유일한 본질로 보는 이들은 언어의 악마성을 인식하지 못한다.[52] 반대로 언어를 지나치게 폭력에 가까운 것으로 만드는 이들은 언어의 상징적이고 소통적인 차원을 간과한다.[53] 상징의 어원인 그리스어 동사 심발레인Symballein은 결합한다는 뜻이다. 언어는 그 상징성으로 인해 묶어주는 역할을 한다. 그러나 언어에는 심볼론symbolon(심발레인의 명사형)과 함께 디아볼론diabolon(악마적인 것)도 들어 있다. 디아발레인Diaballein은 분리하고 갈라놓는 것을 의미한다. 악마성을 지닌 언어는 묶어줄 뿐만 아니라 분열시키고 해를 입히기도 한다. 상징성은 언어에서 건설적이고 소통적인 측면이다. 반면 악마성으로 인해 언어는 파괴적 양상을 나타낼 수 있다.

사회의 긍정화 과정은 언어까지 휩쓸어간다. 그 속에서 전혀 다른 종류의 언어폭력이 생겨난다. 중상, 비방, 비하, 모욕, 물건 취급에 이르는 폭력의 언어는 부정성의 폭력이다.[54] 폭력의 언어는 **타자**를 부정한다. 그것은 친구와 적의 면역학적 도식을 따른다. 그러나 새로운 형태의 언어폭력은 부정적이지 않고 긍정적이다. 그것은 **타자를 겨냥한** 공격이 아니다. 새로운 언어폭력은 **동일한 것**의 무더기에서, **긍정적인 것**의 대량화에서 태어난다.

오늘의 사회에서 일어나는 과잉 커뮤니케이션은 **언어와 커뮤니케이션의 스팸화**를 초래한다. 여기서 생겨나는 것은 정보 가치도 없고 소통적이지도 않은 커뮤니케이션과 정보의 무더기뿐이다. 스팸화는 커뮤니케이션 공간을 점점 더 쓰레기장으로 만드는 좁은 의미의 스팸 메시지에만 해당하는 이야기가 아니다. 마이크로블로깅과 같은 활동으로 발생하는 거대한 커뮤니케이션의 더미 역시 커뮤니케이션의 스팸화에 기여한다.[55] 라틴어 표현 '코무니카레 communicare'는 함께 뭔가를 하다, 합하다, 주다, 공유하다 등의 의미를 지닌다. 커뮤니케이션은 공동체를 수립하는 행위다. 그러나 일정한 한도를 넘어서면 커뮤니케이션도 더 이상 그러한 커뮤니케이션의 의미를 지니지 못하고 그저 스스로를 **누적**해갈 뿐이다. 정보는 **형식을 부여**하기에in Form 정보 가치를 지닌다. 그런데 정보도 어느 한도를 넘으면 형식을 주는 것in-formativ이 아니라 형식 파괴적de-formativ으로 작용한다. 정보는 **형식을 망가뜨린다**außer Form.

언어의 스팸화는 **자아의 비대화**와 결부된 현상이다. 자아의 비대화는 **공허한 커뮤니케이션**을 낳는다. 이로써 **포스트데카르트적** 시대 전환이 시작된다. 데카르트적 자아는 아직 깨지기 쉬운 형상이다. 이 자아는 근본적인 회의 끝에 나타난다. 그것은 어떤 머뭇거리는 가정으로서 탄생한 존재다. "이런 식으로 조금이라도 의심할 수 있는 모든 것을 물리치고, 심지어 거짓이라고 가정하고 나면, 신도, 하늘도, 물체도 없다고, 또 우리에게 손도, 발도, 몸도 없다고 생각하는 것은 어려운 일이 아니다. 그러나 그런 식의 생각을 하고 있는 우리가 존재하지 않는다고 가정하는 것만큼은 그렇게 간단한 문제가 아니다. 왜냐하면 생각하는 자가 생각하고 있는 바로 그 시간에 존재하지 않는다는 가정은 명백한 모순을 초래하기 때문이다. […] '나는 생각한다. 고로 존재한다'[…]."[56] 포스트데카르트적 자아는 더 이상 이처럼 머뭇머뭇하는 가정이 아니라, 막대한 현실이다. 그것은 조심스러운 추론의 결과가 아니고 원천적인 정립이다. 포스트데카르트적 자아는 자신을 정립하기 위해 타자를 부정할 필요조차 없다. 그 점에서 그는 타자의 부정을 통해 스스로를 세우고 정의하고 자기 자리를 확보하는 자아, 즉 타자와 자신을 분리함으로써 자신의 경계와 정체성을, 자신의 영토를 표시하는 데카르트적 자아와는 다르다. 포스트데카르트적 자아, **포스트 면역학적** 자아에게는 "적은 형상으로서의 나 자신의 문제다"라는 카를 슈미트의 공식이 통하지 않는다. 슈미트에 따르면 자아가 자신의 정체성, 자신의 "형상"을 지닐 수 있는 것은 부정하지 않으면 안 되는 자신의 적, 타자의 덕분이다. 이러한 면역학적 경계 구분과 방어라는 부정적 계기가 포스트데카르트적 자아에게는 없다.

포스트데카르트적 자아의 긍정성으로 인해 데카르트 공식의 전면적 전도가 발생한다. 지그문트 바우만은 《소비로서의 삶》이라는 저서에서 여전히 낡은 데카르트의 공식을 활용한다. "나는 쇼핑한다, 고로 존재한다." 바우만은 이 공식의 포스트데카르트적 전도가 이미 오래전에 일어났다는 것을 알지 못하는 듯하다. "나는 쇼핑한다, 고로 존재한다"와 같은 데카르트적 공식은 더 이상 타당하지 않다. 오히려 이렇게 말해야 한다. 나는 존재한다, 그래서 쇼핑한다. **나는 존재한다, 그래서 꿈꾼다, 느낀다, 사랑한다, 의심한다, 그렇다, 존재하기에 생각한다. 숨 에르고 코기토**sum ergo cogito. 숨, 에르고 두비토sum, ergo dubito(존재한다, 그래서 의심한다). 숨, 에르고 크레도sum, ergo credo(존재한다, 그래서 믿는다) 등등. 여기서 우리는 포스트데카르트적인 '나는 존재한다'의 잉여와 반복을 본다. 마이크로블로깅과 같은 활동 역시 비대한 자아의 지배 아래 있다. 모든 트윗은 결국 '나는 존재한다'라는 말로 환원된다. 그것은 포스트 면역학적이다. 포스트 면역학적 자아는 타자를 물리치거나 타자와 자기를 분리하는 대신, 경계가 사라진 네트워크의 공간 속에서 타자의 주의를 끌어보려고 애쓸 뿐이다.

포스트데카르트적 자아의 언어에 대해 하이데거라면 "전언Botschaft"이 없는 **포스트 해석학적** 언어라고 말했을 것이다. 하이데거의 "전달Botengang" 또는 "전령 Botengänger"은 숨어 있는 복음 선포의 공간, 잉여적이고 자명한 '나는 존재한다'의 차원에서 벗어나 있는 그 공간에 우뚝 솟아오른다. 반면 포스트데카르트적인 '나는 존재한다'의 언어는 모든 비밀, 모든 은밀함을 상실한다. 포스트데카르트적 자아는 그렇게 벗겨지고 비밀이 없이 전시된 가운데 **포스트 해석학적** 언어를 구사한다. 하이데거에 따르면 해석학적인 것은 자기지시적인 '나는 존재한다'를 뛰어넘는 것과 "관계 맺고" 있다는 것을 의미한다.[57]

많은 이들이 레비나스를 원용하면서, **내가** 말하는 것 자체가 이미 폭력이라고 주장한다.[58] 내가 발언권을 차지함으로써 타자는 말할 기회를 잃어버린다. 이에 따르면 자아 자체가 폭력이다. 레비나스는 이러한 자아에 무한한 책임을 맞세운다. 이 책임은 "내가 타자에 대해 저질렀거나 저지르지 않았을 수도 있는 행동", "이랬을 수도, 저랬을 수도 있었을 내 행위"의 차원을 훨씬 더 넘어선다. "마치 내가 타자에게 숙명적으로 가두어진 것처럼."[59] 무한한 책임은 자아를 타자에 내던진다. 레비나스에 따르면 이렇게 근본적으로 타자에게 내던져져 있지 않다면 "응결된 자아"가 다시 나타날 것이다. 타자에게서 나오는 것은 자아를 애초부터 늘 피고accusé라는 목적격accusatif의 위치로 굴복시키는 폭력이다.[60] 이런 폭력적인 굴복 작용이 없다면 자아는 다시 굴하지 않는 주격으로, 그 스스로 폭력이 되어 일어설 것이다. 레비나스의 윤리학은 결국 **폭력의 윤리학**인 셈이다.

포스트데카르트적 자아는 "타자"에 "내던져져" 있지도 않고 주격과 목적격의 관계 속에 얽혀 있지도 않다. 그러나 이 자아도 강박에서 자유로운 것은 아니다. 그는 자발적으로 **전시의 강박**에 자기 자신을 구속시킨다. 레비나스의 논의에서 타자에게 내던져진다는 것, 타자에게 "책임"을 진다는 것은 "나체를 뛰어넘는 노출 상태", "피부마저 벗겨진 상태"[61]가 된다는 의미로까지 고조된다. 여기서 자아는 강한 의미의 **윤리적 주체**라고 할 수 있다. 반면 포스트데카르트적 자아는 벌거벗겨져 포르노적 나체가 드러날 때까지 스스로를 전시하는 **미적** 주체로 나타난다. 그렇게 벗겨지고 전시된 자아에게 타자는 **구경꾼** 혹은 소비자일 뿐이다. 레비나스의 자아는 여전히 타자의 부정을 통해 자신을 정의한다. 즉, 이 자아는 타자를 밀어냄으로써 자기 자리를 확보하는 것이다. 반면 포스트데카르트적 자아는 자신을 정립하기 위해 타자를 부정할 필요가 없다.

과잉 커뮤니케이션은 커뮤니케이션 시스템의 엔트로피를 높인다. 과잉 커뮤니케이션 속에서 커뮤니케이션 쓰레기, 언어 쓰레기가 양산된다. 미셸 세르는 〈진짜 악Le mal propre〉에서 세계가 쓰레기와 오물로 덮여가는 것을 동물적 본성에서 기원하는 광적인 소유욕 탓으로 돌린다. 동물들은 냄새 나는 오줌과 똥으로 경계를 표시함으로써 자기 영역을 차지한다. 사람은 남들이 먹지 못하도록 수프에 침을 뱉는다. 나이팅게일은 공간을 독차지하기 위해 시끄럽게 울어대어 다른 동물들을 자기 구역에서 쫓아낸다. 세르는 두 가지 종류의 쓰레기를 구별한다. 딱딱한 것과 부드러운 것. 딱딱한 것은 거대한 쓰레기더미, 유독가스, 산업폐기물과 같은 물질적 쓰레기다. 반면 부드러운 것은 언어, 기호, 커뮤니케이션의 쓰레기다. 광적인 소유욕은 지구를 쓰레기 속에, 기호의 쓰나미 속에 빠뜨리고 질식시킨다. "지구는 쓰레기와 광고판, 폐물로 꽉 찬 바다, 플라스틱으로 넘쳐나는 심해의 바닥, 온갖 파편, 찌꺼기, 껍질이 떠다니는 대양 … 바위산마다, 나뭇잎마다, 농사지을 수 있는 밭뙈기마다 광고가 들어갈 것이다. 푸성귀마다 문자가 새겨질 것이다. […] 전설의 대성당처럼 모든 것이 기호의 쓰나미 속에 침몰한다."[62]

세르의 동물들은 면역학적 도식에 따라 공간을 점령한다는 점에서 여전히 데카르트적이라고 할 수 있다. 그들은 냄새나는 분뇨와 시끄러운 소리로 적으로서의 타자를 쫓아낸다. 그래서 세르는 이렇게 말한다. "데카르트, 그 가련한 이는 우리의 야수적 관습을 승인한 것이다."[63] 그러나 오늘날 진행 중인 세계의 오염과 쓰레기화 과정은 "데카르트적" 점령의 차원을 넘어선다. 여기서도 포스트데카르트적 전환이 일어난다. 포스트데카르트적 쓰레기는 데카르트적 배설물처럼 고약한 냄새를 풍기지 않는다. 그것은 주의를 환기하기 위해 심지어 **미적인** 외피로, 아름다운 광고로 스스로를 감싼다. 세르의 냄새나는 쓰레기는 동물적인 점령에 어울린다. "우리는 그것을 보고 들을 것이다. 얼마 지나지 않아 앞에서 말한 배설물과 조금도 다름없이 스스로 더러워지고 다른 것들을 더럽힐 기호들을, 그 딱딱한 부드러움으로 점령의 고대적 제스처를 계승해갈 기호들을."[64]

오늘날 세계의 오염과 쓰레기화 과정은 단순히 **영토** 경계의 설정과 점령 때문에 일어나는 것이라고 할 수는 없다. 이 과정은 탈경계적, 탈영토적 공간에서 진행 중이다. 문제는 타자를 쫓아내서 영토를 정복하는 것이 아니라 타자에게서 주의를 얻어내는 것이다. 그리하여 쓰레기도 **긍정적인** 것으로 변화한다. 점령을 위한 **부정적 쓰레기**는 악취와 소음으로 타자를 쫓아낸다. 부정적 쓰레기는 경계선을 긋는다. 반면 **긍정적 쓰레기**는 타자의 주의를 얻어내려 한다. 그것은 타자의 마음에 들어야 한다. 배제가 부정적 쓰레기의 본질이라면, 포섭은 긍정적 쓰레기의 지향이다. 긍정적 쓰레기는 배척하지 않는다. 그것은 오히려 마음을 끌고 매력적이고자 한다. 포스트데카르트적인 오늘의 나이팅게일은 자기 영역에서 타자를 쫓아내기 위해서 지저귀는 것이 아니다. 그들은 오히려 **주의를 끌어보려고 지저귄다** twittern.

커뮤니케이션은 가까움을 만들어낸다. 그러나 더 많은 커뮤니케이션이 자동적으로 더 많은 가까움을 창출하는 것은 아니다. 가까움도 과도해지면 어느 순간 **거리 없는 무관심**으로 전도된다. 그것이 바로 **가까움의 변증법**이다. 과도한 가까움은 가까움을 파괴한다. 거리 없는 상태보다 더 **가까운** 가까움, 먼 것에서 촉발되는 가까움이 파괴되는 것이다. 그러한 가까움은 긍정적인 가까움의 과잉 속에서 사라져간다. 긍정적인 것의 대량화, 과잉된 긍정성은 지각을 둔감하고 산만하게, 마치 각질처럼 딱딱하게 만든다. 각질화된 지각은 눈에 잘 띄지 않는 것, 머뭇거리는 것, 고요한 것, 비밀스러운 것, 미묘한 것을 알아보지 못하게 된다. 미셸 세르 역시 그렇게 말하고 있다. **"글자와 이미지들이 위세를 부리며 우리에게 읽기를 강요하는 반면, 세상의 사물들은 우리의 감각을 향해 의미를 부여해달라고 호소한다. 전자는 명령하고 후자는 청한다.** 우리의 감각은 세계의 의미를 창조하지만 우리의 제품은 이미―평면적인―의미를 가지고 세상에 나온다. 그 의미는 단순하고 투박할수록, 쓰레기에 가까울수록 더 쉽게 지각된다. 이미지들, 그림 쓰레기. 로고스, 글 쓰레기. 광고, 시선 쓰레기. 스폿광고, 음악에서 남은 찌꺼기. 이런 단순하고 저급한 기호들이 스스로를 우리의 지각에 들이밀고, 더 까다롭고 비밀스러운, 침묵의 풍경으로 가는 길을 가로막는다. 그 풍경은 종종 아무도 보지 않는 사실 때문에 소멸한다. 사물을 구원하는 것은 지각이기 때문이다."[65]

세르는 세계의 쓰레기화를 데카르트적 주체의 점령 의지 탓으로 돌린다. 그러나 점령욕만으로 경제적 합리성의 한계를 벗어나는 과잉 커뮤니케이션과 과잉 생산을 설명할 수는 없다. 점령하고자 하는 야수적 본능조차 일정한 경제적 합리성을 지닌다. 짐승은 배설물로 **필수적인** 삶의 공간을 확보한다. 반면 오늘의 과잉 생산과 과잉 축적은 **초경제적**이다. 그것은 사용가치를 초월하고, 수단과 목적 사이의 경제적 관계를 파괴한다. 수단은 더 이상 목적이 규정하는 경계선, 목적에 합당한 한도 안에 머무르지 않는다. 수단은 자기관계적으로 되면서 한도를 모르고 증가한다. 성장은 악마적 성격을 띠며 종양의 형성, 이상 비대증으로까지 나아간다. 모든 것이 본래의 규정 이상으로 자라나며 이는 시스템의 비대화와 경색을 초래한다. "너무나 많은 것이 생산되고 축적되어, 결국 그 모든 것이 무언가에 쓰일 시간도 없을 지경이 된다[…]. 너무나 많은 뉴스와 신호가 생산되고 전송되어 그것을 읽을 시간이 없다."[66] 그렇다면 과잉 커뮤니케이션이란 텔레비전 모니터의 공허함을 채우기 위해 끊임없이 송출되는 허구의 장면이며, **존재의 결핍**을 과도한 긍정성으로 만회해보려는 "강요된 시나리오"일 것이다.

하나의 특수한 폭력, 긍정성의 폭력이 커뮤니케이션의 무더기, 정보와 기호의 무더기에서 발원한다. 그 무더기는 더 이상 밝혀주고 열어주는 것이 아니라 그저 막대한 양으로 작용할 뿐이다. 메시지 없는 긍정적 무더기는 주의를 흩뜨리고 둔감하게 하고 마비시킨다. "미디어는 메시지"라는 맥루언의 경구는 약간의 수정만으로 긍정적인 것이 대량화된 시대에 적합한 말로 바꿀 수 있다. **미디어는 무더기-시대**Mass-Age다.

6. 리좀적 폭력

폭력은 경직되고 억압적인 질서로 모든 자유의 공간을 제거하는 과잉 코드화에서만 발원하는 것이 아니다. 폭력은 세계를 통제되지 않는 수많은 사건과 충동과 다양한 세기의 힘의 흐름으로 해체하는 무제한적 탈코드와 탈경계에서도 온다. 코드화 그 자체는 폭력이 아니다. 코드화는 세계에 명료한 표현을, 구조와 형식, 질서를 부여한다. 코드화는 곧 세계의 언어화다. 그것이 폭력적으로 되는 것은 다만 전체주의적 과잉 코드화, 과다 코드화로 흐를 때뿐이다. 그래서 일정한 탈코드는 억압적인 과잉 코드화에 맞서면서 세계를 강박과 경직 상태에서 해방하는 작용을 할 수도 있다. 그러나 탈코드도 일정 정도를 넘어서 악마적으로 첨예화되면 파괴적인 양상을 나타내기 마련이다. 들뢰즈는 무제한적 탈코드를 해방으로 칭송하면서 그 속에 내포된 악마성은 도외시하는 비변증법적 입장을 취한다. 웃자라서 모든 기관을 무력화하고 그 유기적 차이를 파괴해버리는 비대한 암종이야말로 악마적 형태의 탈코드, 탈영토라고 할 수 있다. 유기적 코드가 완전히 해제된 들뢰즈의 "기관 없는 신체"는 마구 자라난 전이 세포에 점령된 신체와 다를 바가 없다. 그러한 신체에서는 모든 유기적 조직이 해체된다. **본질이 폐기된다.** 탈본질의 과정은 악마적인 경지에 이르기까지 첨예화된다. 들뢰즈가 기관 없는 신체의 예로 든 "분열증적 테이블"은 테이블이라기보다는 어떤 기능도 가질 수 없는, 그저 아무렇게나 쌓아놓은 더미에 가깝다. 테이블 상판은 점점 크기를 잃고 사라져간다. 그것은 받침대에 "잡아먹힌다". 언어 자체도 탈코드와 무차별화를 통해 조음되지 않은 소리의 무더기로 변한다. "기관 없는 신체는 기관기계에 자신의 매끄럽고 팽팽하며 불투명한 표면을, 묶이고 합쳐지고 다시 절단된 물줄기들에는 자신의 무차별하고 무형적인 흐름을, 음성학적으로 축조된 말에는 탄식과 비명을, 분절되지 않은 덩어리들을 맞세운다."[67] 그리하여 들뢰즈의 "리좀"[68]은 어떤 통제도, 조종도 받지 않은 채 마구 증식해간다. "리좀은 시작도 끝도 없다. 리좀은 중간에, 사이에 있다. 리좀은 막간극, 간주곡이다. 나무가 계통적이라면, 리좀은 연합이다. 오직 연합적 관계일 뿐이다. 나무가 동사 'être(~이다/있다)'를 필요로 하는반면, 리좀은 '또, … 또, … 또, …'의 접속 관계를 통해 응집된다. 이러한 접속 관계 속에 동사 'être'를 뒤흔들고 뿌리째 뽑을 수 있는 힘이 충분히 들어 있다."[69] 폭력은 이것도 저것도 안 된다는 억압이나 이것 아니면 저것을 택하라는 협박에만 있는 것이 아니다. 끝없는 "또, … 또, … 또, …" 역시 폭력적이다. 동일한 것의 증가 과정이 가속적으로진행되어 긍정적인 것의 과잉 상태가 오면, 폭력적인 해제반응이 촉발된다. 그런데 해제반응은 면역학적 방어반응과는 구별되는 긍정성을 지닌다. 신경성 식욕항진증은 면역 도식을 따르지 않는다. 또와 과다는 면역반응을 일으키지 않는다. 긍정성의 폭력의 병리적 결과는 치명적인 감염이 아니라 경색이다. 긍정적인 것의 과도한 증가를 통해서 존재das Sein가 뒤흔들릴 수는 있을 것이다. 그러나긍정적인 것의 증가는 존재자das Seiende의 비대화를 초래하며, 이 역시 또 하나의 폭력이다.

"분열증"은 들뢰즈의 주인공이다. "마침내 분열증. 늘휘청대고 비틀거리며, 끝없이 방황하며, 길을 잃고 헤매면서, 점점 더 깊이 탈영토적인 것 속으로, 자신의 기관 없는 신체와 함께 사회체의 끝없는 해체 과정 속으로 가라앉는다."[70] 들뢰즈는 분열증을 이상화하여 떠돌이 렌츠에 빗댄다. "물론 방황하는 분열증 환자가 소파에 누워 있는 신경증 환자보다 더 좋은 본이 된다. […] 예컨대 뷔히너의 주인공 렌츠의 방황. […] 모든 것이 기계다. 하늘의 기계들. 별이나 무지개. 그의 신체 기계들과 하나가 되는 산의 기계들. 그칠 줄 모르는 기계의 소음. […] 그는 자연을 자연이 아니라 생산과정으로서 경험한다. 더 이상 인간도 자연도 존재하지 않는다. 오직 하나를 다른 하나 속에서 창출하고 기계들을 접합하는 과정이 있을 뿐이다. 도처에 널린 생산 기계, 소망 기계, 분열증적 기계들[…]."[71] 분열증을 특징적으로 만드는 것은 "파편들을 끊임없이 새롭게 파편화된 것 속에 삽입할 수 있는"[72] 능력이다. 분열증 속에는 죽음 본능이 들어 있다. 들뢰즈는 앙토넹 아르토를 원용한다. "기관 없는 충만한 신체는 비생산적인 자, 번식력이 없는 자, 태어나지 못한 자, 소화할 수 없는 자다. 앙토넹 아르토는 이러한 신체가 형태도 형상도 없이 현존하는 곳이면 어디에서나 그것을 발견해 냈다. 죽음 본능이 그것의 이름이다. 그리고 죽음은 따를 만한 모범이 없지 않다. 왜냐하면 소망은 죽음 **또한** 소망/

갈망하기 때문이다[…]."**73** "기계적 죽음 본능"이 소망 기계들을 추동한다. 소망 기계들은 사보타주하면서 스스로를 파괴한다. 그래서 "이 기계들의 구축과 그 해체의 시작은 구별 불가능하게 된다."**74** 구축과 해체, 생산과 파괴가 구별 불가능하다는 것이 분열증적 기계의 본질적 특징이며 이 점에서 분열증적 기계와 **자본주의 기계**는 매우 흡사하다. 파괴와 일치하는 분열증적 생산은 제한을 모르는 자본주의적 생산과 본질적으로 다르지 않다. 들뢰즈도 분열증과 자본주의 사이의 본질적 유사성을 증언한다. "그리하여 흐름의 탈코드와 사회체의 탈영토는 자본주의의 본질적 경향이 된다. 자본주의는 거침없이 자기자신의, 진정한 의미에서 분열증적인 경계선을 향해 다가간다. 자본주의는 모든 힘을 동원하여 기관 없는 신체 위에서 탈코드적 흐름들의 주체로서 분열증을 생성하려고 시도한다[…]."**75**

들뢰즈에 따르면 자본주의는 분열증적 양상뿐만 아니라 편집증적 양상도 나타낸다. 자본주의는 탈영토와 재영토화 사이에서 동요한다. 들뢰즈는 편집증적 재영토화 경향만을 악마화하고, 분열증적인 탈영토적 경향에 대해서는 전반적으로 긍정적 입장을 취한다. 그리하여 그는 편집증적 재영토화에 맞서서 분열증적인 탈경계 운동을 강화할 것을, "더 큰 열정으로 시장의 운동 속으로, 탈코드적, 탈영토적 운동 속으로 뛰어들 것"[76]을 제안한다. 분열증적 탈영토는 동일한 것의 리좀적 비대화, 긍정적인 것의 대량화로 귀결된다. 폭력적인 것은 처형과 배척의 부정성만이 아니다. 지나친 것, 과도한 것의 긍정성도 폭력이다. 들뢰즈에게는 긍정성의 과잉에서 발생하는 폭력이 보이지 않는 듯하다. 그래서 그는 탈코드와 탈영토를 일방적으로 해방으로 받아들이며 환영한다. 과잉에서 나오는 긍정적 폭력은 결핍과 부족의 부정적 폭력보다 더 치명적이다. 결핍은 배가 채워지는 순간 끝나지만, 과잉에는 종착점이 없다.

들뢰즈는 분열증의 악마적 성격을 완전히 부정한다. 분열증은 대체로 낭만화되고 이상화된다. 그는 "마침내 행복해진 보편적 분열증"[77]을 이야기한다. 분열증적 소망 기계는 요소들의 결합에 어떤 기능적 논리도 없는 팅겔리(1925-1991. 스위스의 화가, 조각가. 운동을 미술 작품의 주요 요소로 삼는 키네틱 아트의 대표자로서 기계를 닮은 움직이는 조각 작품으로 유명하다 - 옮긴이)의 기계와 비교된다. "우리 사회의 지배적인 시스템에서 소망 기계는 오직 도착적인 것으로서,

그저 기계의 진지한 사용에서 떨어져 있는 변두리에서만 용인될 뿐이다[…]. 그러나 소망 기계의 질서는 일반화된 도착증에 있는 것이 아니다. 그 질서의 본질은 오히려 마침내 행복해진 보편적 분열증이라고 해야 할 것이다. 팅겔리의 다음과 같은 말은 바로 소망 기계에 관한 것이다. '**진정 기쁨에 찬 기계. 기쁨에 차 있다는 건, 자유롭다는 뜻이다.**'"[78] 요소들이 어떤 논리적, 기능적 유대도 없이 서로 소통하고 어떤 친족적 관계도 없이 결합되어 있는 탈영토적 시스템, 그러니까 진정으로 **기쁨에 찬 시스템**은 어떤 분열증적 틈새도, 균열도 드러내지 않을 것이다. 팅겔리의 기계는 어떤 기능적, 목적론적 연관에서도 벗어나 있지만 적어도 하나의 연속체로서, 내적 일치를 통한 전체를 이루고 있다. 기계를 이루는 부분들은 어떤 막힘도 없이 유희적으로 서로를 넘나든다. 이들은 어떤 식으로든 **상호 연관관계를 맺는다**. 이들의 유대는 아무런 친족성 없이 가까움을 만들어내는 **우정**이다. 이러한 내적 일치 덕분에 기계는 고장 없이 작동하고 굴러간다. 반면 진짜 분열증은 빈번한 오작동과 막힘의 원인이 될 것이다. 분열증은 그 자체가 강박의 형식이다. 분열증은 "기쁨"도 "자유"도 주지 않는다.

헤겔의 정신은 타자의 부정성에 직면하여 편집증적 과잉 면역 체계를 발달시키고, 이는 과잉 코드화와 과잉 영토화로 이어진다. 그러나 이에 대항하는 들뢰즈의 분열증적 탈코드와 탈영토 모델도 파괴적이고 악마적이기는 마찬가지다. 모든 부정성에서 해방된 분열증 기계는 **긍정성의 폭력**을 생산한다. 그것은 통제되지 않은 연쇄반응과 과열로 새카맣게 타버리는burn out 원자로에 비유할 수 있다. 모든 부정성이 파괴적인 것은 아니다. 머뭇거림, 멈춤, 심심함, 기다림, 분노와 같은 부정성의 형식은 상당히 많은 경우 건설적으로 작용하지만, 사회의 점증하는 긍정화 경향 속에서 소멸의 위기에 처해 있다. 잘 알려진 대로 컴퓨터는 머뭇거릴 줄 모른다. 컴퓨터는 타자의 차원이 결여된 까닭에 **자폐적인 계산기**가 되고 만다. 사유 역시 그 가장 본질적인 의미에서 부정성과 결부되어 있다. 부정성이 없다면 사유는 계산과 다를 바가 없을 것이다. 분열증적 "또, … 또, … 또, …"는 어떤 부정성도 알지 못하며 긍정적인 것의 대량화를 초래한다. **주저함**Hemmung의 부정성에서 비로소 박자, 리듬이, 그렇다, **시간**이 생겨난다. 반면에 편집증적 봉쇄도, 분열증적 방종Enthemmung도 시간을 파괴한다.

7. 지구화의 폭력

하트와 네그리에 따르면 지구화를 통해 상반된 두 세력이 발전한다. 한편에서 "제국Empire"이 형성된다. 이 제국은 부단한 통제와 영구적 갈등으로 탈중심적, 탈영토적 지배질서를 확립한다. 다른 한편으로 지구화는 "다중Multitude"을 낳는다. 다중이란 네트워크를 통해 소통하고 함께 행동하는 개별자들의 총체다. 다중은 제국 **내부에서** 제국에 **반항**한다. 그러니까 하트와 네그리는 신판 계급 투쟁을 구상한 셈이다. 그들은 제국에서 나오는 폭력을 **타자 착취**의 폭력으로 해석한다. "다중은 사회적 세계의 진정한 생산력이며, 제국은 이러한 다중의 생명력을 먹고 사는 관료 기구, 또는 마르크스에 기대어 말한다면 축적된 죽은 노동의 통치 체제다. 그것은 오직 뱀파이어처럼 살아 있는 자들의 피를 빨아먹어야만 연명할 수 있다."[79]

　하트와 네그리는 정치경제적 현실을 너무나 많이 무시한 채 낡은 역사적 범주인 계급이나 계급투쟁 같은 관념에 의지하여 이론적 모델을 구축한다. 그리하여 그들은 "다중"을 하나의 계급으로 정의한다. "최초의 접근에서 다중은 자본의 지배 아래 노동하는 모든 이들의 총합으로, 따라서 잠재적으로 자본의 지배에 대항하는 계급으로 파악할 수 있다."[80] 계급을 이야기하는 것이 의미를 지니려면 상호작용하거나 서로 경쟁하는 다수 계급의 존재가 전제되어야 한다. 그러나 다중은 사실상 **단 하나의 계급**이다. 자본주의 시스템에 참여하는 **모든 사람**이 다중에 속한다고 할 수 있기 때문이다. 다중에게는 맞서 싸워야 할 지배 계급이 없다. 제국에서는 **모두가** 자본주의의 명령에 예속되어 있다. 제국은 다중을 프롤레타리아트처럼 착취하는 지배 계급이 아니다. 다중은 오히려 자기 자신을 착취한다. 네그리와 하트는 이러한 **자기 착취**를 인식하지 못한다. 제국에서는 **그 누구도** 지배하지 **않는다**. 제국은 곧 **모든 사람**을 장악하고 있는 자본주의 시스템을 의미한다. 이 속에서도 물론 타자 착취는 계속 발생하지만, 시스템 유지의 기본 양식은 자기 착취라고 보아야 한다.

하트와 네그리 스스로 확언하는 것처럼 계급은 "함께 싸울 때만" "하나의 집단적 전체"를 형성한다.[81] 따라서 계급에는 함께 행동하고자 하는 충동을 낳는 강력한 소속감이 필수적이다. 그러나 그런 소속감, **우리**의 관념이 도처에서 사라져간다는 것이야말로 오늘의 사회를 특징 짓는 현상인 것이다. 정치적 냉담함과 무관심이 사회의 점증하는 유아적 경향과 맞물리면서 공동의 행동이 나타날 가능성도 크게 낮아진다. 지구화된 세계에 거주하는 것은 제국에 함께 저항하고자 하는 개별자들이 아니라 고립된 채로 서로 적대적 관계에 있는 에고들이다. 자본주의적 생산 과정에 참여하고 있는 모든 사람은 피해자인 동시에 가해자다. 가해자와 피해자가 하나가 될 때 저항은 더 이상 가능하지 않다. 하트와 네그리는 지구적인 것의 이러한 특수한 위상학을 제대로 인식하지 못한다.

사회적인 힘은 오직 공동의 행동에서, 하나의 **우리**에게서 발원한다. 에고화되고 원자화되어가는 사회에서 공동의 행동을 위한 공간은 급격히 쪼그라들고 이에 따라 자본주의적 질서에 진정 심각한 도전이 될 수 있는 반대 세력의 형성도 불가능해진다. 사회체Socius는 단독자Solus에게 밀려난다. **다중**Multitude이 아니라 **고독**Solitude이 오늘의 사회적 상황을 특징짓는다. 고립화에서는 어떤 힘도 생겨나지 않는다. 하트와 네그리는 이런 결정적인 사회적 변화를 전혀 고려하지 않은 채 상상의 담론[82]으로 다중의 낭만적, 공산주의적 혁명을 그려내기에 여념이 없다.[83] 대항적 힘의 부재로 인해 신자유주의 경제 질서는 영구적인 것이 된다. 신자유주의적 경제 질서는 강력한 전유의 에너지를 발산하여 모든 것을 흡수하고 자본주의적 공식으로 변환한다.

공산주의의 몰락 이후 체제를 심각하게 위협할 수 있는 자본주의의 외부는 더 이상 존재하지 않는다. 이슬람 테러리즘조차 자본주의 시스템을 정말로 위험에 빠뜨릴 수 있는 대등한 권력 진영의 존재를 의미하지 않는다. 자본주의 시스템은 심지어 테러리즘조차 흡수하여 시스템의 안정에 기여하는 에너지로 변환할 수 있다. 상상할 수 있는 유일한 위험은 과열과 과부하로 인한 시스템의 파열 가능성뿐이다. 이러한 파열적 폭력은 전통적 전쟁의 폭력처럼 팽창하며 새로운 공간을 점령해가는 폭발적 폭력과 구별된다. 폭발적 폭력은 외부를 향해 압력을 가한다. 반면 파열적 폭력의 경우 압력은 외부의 부재로 인해 내부를 향한다. 파열적 폭력은 내부에서 파괴적 긴장과 균열을 일으키고 결국 시스템의 자체 붕괴를 초래한다.

하트와 네그리는 전 세계적으로 발생하는 다양한 폭력적 갈등을 자의적으로 제국에 저항하는 전쟁으로 재해석한다. 그러한 갈등 사이에는 아무런 공통점도 없고, 그 속에는 신자유주의와 전혀 관련 없는 것도 섞여 있는데 말이다. 하트와 네그리가 직접 열거한 폭력적 충돌, 이를테면 천안문 광장의 학생운동, 인종 갈등으로 인한 1992년의 로스앤젤레스 폭동, 팔레스타인 해방운동, 사파티스타 반란, 프랑스 철도 파업 등은 어떤 이데올로기적 공통점도 나타내지 않고, 어떤 공동의 목표도 표방하지 않는다. 하트와 네그리 스스로도 이러한 저항 투쟁 사이에 어떤 소통도 일어나지 않고, 어떤 공동의 언어도, 어떤 공동의 적도 존재하지 않는다는 점을 인정하기는 하지만,[84] 그러면서도 자신들의 테제가 부적절하다는 점은 알아차리지 못한다. 주지하다시피 커뮤니케이션 없이 공동의 행동은 가능하지 않다. 따라서 대항적 권력도 생겨날 수 없다. 하트와 네그리는 존재하지도 않는 공동의 의도를 상정한다. 커뮤니케이션의 부재는 그들의 억측에 따르면 "새로운 유형의 커뮤니케이션", "개별자들의 커뮤니케이션"[85]이다. 다양한 저항 투쟁은 서로서로 "수평적"으로 연결되지 않는다. 그들은 저마다 "수직적으로, 직접 제국의 가상 중심부로"[86] 올라간다.

하트와 네그리는 반反사실적인 논리를 전개한다. 오늘날은 사회 전반이 사회적인 것, 공동적인 것, 공동체적인 것의 몰락 과정 속에 휩쓸려가고 있다. 사회는 눈에 띄게 원자화되고 파편화되어간다. 그런데 하트와 네그리는 이러한 실제적 변화 과정과는 정반대로 오늘날 생산관계의 본질적 특성이 "협동, 커뮤니케이션, 공동체 수립"에 있으며, 그것이 사적 소유의 위기를 초래한다고 주장한다. "사적 소유란 어떤 재화를 사용하고 그 소유에서 유래하는 모든 부를 마음대로 처분할 수 있는 배타적 권리라고 할 수 있는바, 그렇게 이해된 사적 소유의 개념은 […] 점점 더 무의미해진다."[87] 이러한 단언과는 반대로 오늘날 점점 더 몰락해가는 것은 오히려 공동적인 것이다. 사유화의 경향은 영혼 깊숙한 지대까지 밀고 들어온다. 공동체적인 것의 붕괴는 공동의 행동을 점점 더 어렵게 만든다. 하트와 네그리는 자본주의적 신자유주의 시스템에 대한 저항력을 과대평가한다. 피착취자와 착취자를 서로 분리하기 어렵다는 점, 가해자와 피해자가 하나라는 점이 이 시스템의 상황적 특성에 속한다. 따라서 명백한 **적대**

관계Gegen, 명확한 전선이 형성되지 않는다. 전선은 분리된 두 진영, 두 세력, 두 계급을 전제하는 것이기 때문이다. 하트와 네그리도 이러한 폭력의 특수한 위상학을 완전히 간과한 것은 아니다. 그들은 다음과 같은 사정을 확인하기도 한다. "착취와 지배는 여전히 아주 구체적인 경험이긴 하지만(대중은 그것을 몸으로 직접 느낀다), 안전하게 숨을 수 있는 어떤 장소도 없다는 점에서 무형적이기도 하다. 외부로 인식할 수 있는 장소가 더 이상 존재하지 않는다면, 우리는 모든 장소에서 맞서고 있어야 한다."**88** 그러니까 어떤 장소에서나 맞서야 한다는 것이지만, 이 저항이 **무엇을 상대로** 하는 것인지는 전혀 명확하지 않다. 다중의 허구적인 저항의 결단은 그렇게 공허 속으로 소멸하고 만다. 하트와 네그리는 제국에서 전사가 순식간에 공모자로 드러날 수 있다는 것을 잘 알지 못하는 듯하다. 폭력과 착취의 장소는 더 이상 대립적 구도를 낳지 못한다. 모두가 **자신**을 착취하고 있기 때문이다. 가해자는 동시에 피해자이기도 하다. 그리하여 지배 없는 착취, 자유의 이름으로 이루어지는 착취가 가능해진다. 이러한 폭력의 내재성은 정면으로 맞서 싸울 수 있는 모든 적대자를 소멸시킨다.

하트와 네그리가 '제국'이라고 명명한 지구적 차원의 자본주의적 신자유주의 시스템은 실은 인간이라는 종이 **자기 자신과** 전쟁을 벌이는, 갈등에 찬 세계 내 공간이다. 이 전쟁은 전면전이다. 사회적 관계 전체가 곧 전쟁의 장소이고, 평화가 곧 전쟁의 외관이기 때문이다. 푸코가 한때 규율 기관에서 울려나온다고 한 "우르릉대는 전투 소리"는 오늘날 사회의 기조음으로 확립된다. 전쟁은 모든 개인의 영혼 속으로까지 연장된다. 인간은 다른 사람들뿐만 아니라—그 누구보다도—자기 자신을 상대로 해서도 전쟁을 치른다. 이처럼 전면적이고 내재적인 전쟁 앞에서 내부와 외부, 친구와 적, 지배와 노예의 명확한 구분을 전제하는 고전적 저항은 헛발질로 끝날 뿐이다.

이러한 제국에 저항하고자 한다면, 제국이 촉발한 위험한 과정에 제동을 거는 것, 이러한 과정에서 악마적인 칼날을 제거하는 것 외에는 다른 길이 없을 것이다. 반면 하트와 네그리는 의심스러운 전략을 제시한다. 그들은 이 과정을 돌이키는 것이 불가능할 뿐만 아니라 무의미하다고, 오히려 이를 더 가속화하고 첨예하게 만들어야 한다고 주장한다. 그러한 주장을 뒷받침하는 것은 들뢰즈와 가타리다. "질 들뢰즈와 펠릭스 가타리는 자본의 지구화에 거역할 것이 아니라 오히려 이 과정을 가속화해야 한다는 생각이었다. '어떤 혁명적인 길이 있는가?' 그들은 묻는다. '그런 길이 대체 존재하는가? ─ […] 세계시장에서 물러난다[…]? 정반대 길로 가는 것이 대안이 될까? 오히려 더 열광적으로 시장의, 탈코드의, 탈영토의 운동 속으로 뛰어들 것?' […] 제국과 효과적으로 투쟁하는 유일한 방법은 제국과 동일한 층위에서 맞서는 것, 그리하여 제국에서 특징적으로 진행되는 여러 과정을 현재의 한계를 넘어서까지 진행되도록 추동하는 것뿐이다."[89] 시장과 자본의 운동 속으로 더 결연하게 뛰어든다면 그 결과는 치명적일 것이다. **세계**와 세계 시장은 같은 것이 아니다. 세계의 전면적인 시장화는 곧 세계의 폭력적 파괴를 의미한다. 시장화는 세계에서 노동, 이윤, 자본, 효율성, 성과가 아닌 모든 것을 몰아내고 파괴한다. 히스테리적인 생산과 성과, 과열된 경쟁은 다양한 종류의 병리적 현상을 유발한다. 지구적 차원의 과잉 기동성Hypermobilität은 평화의 복음으로 위장된 전면적 동원령Mobilmachung이다. 제국 전체에서 진행 중인 역동적 과정을 현재의 한계 이상으로 가속화하고 첨예화하려는 시도는 재앙만을 불러올 것이다. 시스템의 전소Burnout가 그 불가피한 결과가 될 것이다.

8. 호모 리베르

비상사태는 모든 긍정적 규범이 해제된다는 점에서 극단적 부정성의 상태이다. 그것은 외부가 시스템의 내부로 침투하여 시스템 전체를 위기에 빠뜨리는 순간에 시작된다. 내부와 외부 사이의 부정적 긴장이 비상사태의 본질적 요소이다. 시스템의 내재성은 비상사태 속에서 시스템을 위협하는 타자의 초월성에 직면한다. 전혀 이질적인 타자의 부정성은 시스템을 내적으로 수축시키고 전율하게 한다. 비상사태의 선포는 외부의 위협에 대한 시스템의 면역학적 반응이다.

주권자는 유효한 법질서를 해제할 수 있는 절대 권력을 쥐고 있다. 그는 법 정립적 폭력을 체현하는 존재로서 법질서 바깥에서 이 질서와 일정한 관계를 맺는다. 따라서 주권자가 법을 정립하는 데는 법적 정당성이 필요 없다. 비상사태는 유효한 법질서를 해제함으로써 무법의 공간을 창출하며, 그 속에서 모든 개인에 대한 무조건적 침탈이 가능해진다. 아감벤에 따르면 인간의 생명은 오직 주권 권력에의 연루를 통해, "오직 죽음을 좌우하는 무조건적 권력에 내맡겨져 있음abbandono으로 인해"[90] 정치화된다. 벌거벗은, 죽일 수 있는 생명과 주권 권력은 서로가 서로를 낳는 관계에 있다. "우리 현대인은 정치적 공간을 민권, 자유의지, 사회계약 등의 개념으로 상상하는 데 익숙해져 있지만, 주권의 관점에서 볼 때는 이와 반대로 **오직 벌거벗은 생명만이 진정한 의미에서 정치적이다.**"[91] "정치의 근원현상"은 삶을 "호모 사케르의 벌거벗은 생명"으로 만드는 추방이다. 주권과 호모 사케르의 벌거벗은 생명은 동일한 질서의 양극 지대에 서 있다. 주권자에 직면하여 모든 인간은 잠재적으로 호모 사케르*가 된다.

● 　호모 사케르는 신의 명령을 위반하여 공동체에서 추방당한 자를 말한다. 예컨대 경계석을 옮긴 자는 경계의 수호신인 유피테르 테르미누스의 보복의 손길에 내맡겨진다. 누구든지 처벌받지 않고 그를 살해할 수 있다. 그런데 호모 사케르도 여러 역사적 단계를 거쳐왔다. 12표법의 시대에는 호민관

의 신체적 신성불가침성을 깨뜨린 자가 호모 사케르였다. 평민계급은 자신의 권력을 공고히 하기 위해 본래는 종교적인 의미를 지니던 옛 관습을 활용한 것이다. 아감벤은 호모 사케르의 역사적 발전을 완전히 무시한 채 평민 지배 시대의 호모 사케르에 대해서만 이야기할 뿐이다. 그리하여 그는 사크라티오sacratio(범죄자를 호모 사케르로 선고하는 것 – 옮긴이)를 호민관이 누리는 신성불가침의 권능으로 소급하는 오류를 범한다. 이로써 사크라티오는 주권자의 권력과 직접 결합되며 그것의 종교적 기원은 무시되고 만다. 저명한 법사가였던 에밀 브룬넨마이스터는 다음과 같이 썼다. "사크라티오는 […] 세속적인 추방이 아니었다. 그것은 전적으로 신적인 추방이었다. 다만 후대에 와서 서서히 세속적인 추방으로 발전하게 되었다"(Das Tötungsverbrechen im altrömischen Reich, Leipzig 1887, 153면). 또한 아감벤은 자신의 주장을 뒷받침하기 위해 호모 사케르의 형상 속에서 현실에는 존재하지 않는 모순을 구성해낸다. 그는 호모 사케르가 종교적 영역에 속할 수 없다고 말한다. 왜냐하면 다른 신성한 물건들res sacrae을 손상시키는 것은 금지되지만 호모 사케르는 죽여도 괜찮기 때문이다. 그러나 인간의 손으로 죽일 수 있다는 사실 때문에 호모 사케르가 종교의 영역에서 떨어져 나온다고는 할 수 없다. 사람들은 신의 복수가 언제라도 호모 사케르에게 닥칠 수 있다고 생각했다. 설사 그것이 다른 사람에 의한 죽음이라는 형식을 통해서라고 하더라도 말이다. 이때 살인자는 다만 신적 복수의 도구로 여겨질 뿐이다. 브룬넨마이스터는 말한다. "사크라티오는 이미 우리가 여러 가지로 확인한 바 있는 믿음, 즉 그것이 언제가 됐든 어떤 방식이든 간에 신이 원하는 대로 신 자신이 독신자瀆神者를 […] 징벌한다는 믿음, 그 누구도, 국가도, 관리도 사제도, 시민 개개인도 이러한 형벌을 자의적으로 앞당길 수 없다는 믿음을 기반으로 한다. 분노한 신이 자기 처분에 맡겨진 제물의 필연적 몰락을 위해 어떤 길을 선택할지는 어떤 인간도 알 수 없었다. 신은 죄 지은 자가 온갖 종류의 괴롭

아감벤의 주권 이론이 사람들을 매혹시킨 것은 아감벤이 주장하듯이 오늘날 비상사태가 정규적 상황이 될 수도 있다는 위기가 현존하기 때문이라고 할 수는 없다. 아감벤 이론의 매혹은 오히려 우리가 **어떤 비상사태도 가능하지 않은 긍정성 과잉**의 사회를 살고 있다는 데서 온다. 우리는 종종 사라져가는 것에 매혹당한다.[92] 비상사태는 부

힘을 못 견디고 자살하도록 몰아갈 수도 있고 뜻하지 않은 우연으로 최후를 맞게 하거나 시름시름 앓다가 죽어가게 할 수도 있으며 아니면 어떤 인간에게 살인 무기를 쥐어 줄 수도 있는 것이다. 저주받은 자(사케르)를 때려죽인 사람은 설사 그 자신은 전혀 의식하지 못했다 해도 주변 정황에 의해 신적 복수의 도구였음이 밝혀지는 순간 무죄로 인정되었다. 분노한 신의 복수 작업을 인간의 도구로 도울 수 있다거나 심지어 그렇게 해야 한다는 생각은 경건한 민중의 신앙과는 동떨어진 것이었다. 신들의 소유물을 절대 손상되지 않도록 안전하게 모셔둘 때와 똑같은 두려움의 감정이 경박하고 못된 성질의 인간들조차 감히 초월적 힘에 속한 징벌권을 행사하는 지상의 대리인으로 나서지 못하게 막았음이 분명하다"(위의 책, 152면 이하). 또한 아감벤은 호모 사케르가 인간적 질서뿐만 아니라 신적 질서에서도 배제된 존재라고 주장한다. 그를 제물로 바치는 것이 금지되기 때문이다. 하지만 이것 역시 틀린 추론이다. 호모 사케르가 제물이 될 수 없는 이유는 다름이 아니라 이미 그가 모독당한 신의 소유물에 속하기 때문이다. 그리하여 아감벤이 자신의 주권 이론의 토대로 삼은 호모 사케르의 형상은 역사적 사실에 부합하지 않는 허구에 지나지 않음이 드러난다.

정성의 상태다. 비상사태가 성립할 수 있는 것은 오직 **타자 혹은 외부의 침입**에 직면했을 때뿐이다. 오늘날 진행 중인 사회의 긍정화 과정은 모든 부정성과 초월성을 제거함으로써 전면적인 정상상태를 확립한다. 긍정화를 통해 모든 외부가 소거된 전면적인 내부공간이 창출된다. 테러는 주권의 초월성에서뿐만 아니라 내재성에서도 발원한다. 긍정성의 테러는 어쩌면 부정성의 테러보다 더 치명적일 것이다. 그것은 방역으로도 벗어날 수 없는 테러이기 때문이다.

주권사회는 이미 오래전에 사라졌다. 오늘날 그 누구도 "죽음을 좌우하는 무조건적 권력에 내버려짐"으로써 정치화되지 않는다. 외부도, 초월성도 더 이상 존재하지 않는다. 인간을 복종적 주체로서 속박하고 마음대로 처분하는 주권 권력도 존재하지 않는다. 오늘의 사회는 주권사회가 아니다. 우리가 사는 사회는 어느새 성과사회가 되었다. 성과주체는 **자기 자신의 주권자**라는 점에서, 또는 자기 자신의 경영자로서 **자유롭다**는 점에서, 복종주체와 구별된다.

성과주체는 외적인 지배기구에서 자유로우며 노동을

강요당하지도 착취당하지도 않는다. 그는 자기 외에 그 누구에게도 예속되어 있지 않다. 그러나 외적인 지배기구의 부재가 강제의 구조 자체를 없애지는 못한다. 외적 지배기구의 소멸과 함께 자유와 강제가 하나가 된다. 성과주체는 최대의 성과를 향한 자유로운 강박에 몸을 내맡긴다. 자기 착취는 자유의 환상을 동반하는 까닭에 타자 착취보다 더 효과적이다. 착취자가 동시에 피착취자다. 여기서 착취는 지배 없이 이루어진다. 자기 착취가 효과적인 것은 이 때문이다. 자본주의 시스템은 **가속화를 위해** 타자 착취에서 자기 착취로, '해야 한다'에서 '할 수 있다'로 전환한다. 성과주체는 역설적 자유 속에서 가해자이자 희생자이며, 주인이자 노예가 된다. 이때 자유와 폭력은 구별되지 않는다. 자기 자신의 주권자, 자유인homo liber을 자처하는 성과주체는 호모 사케르임이 드러난다. 성과사회의 주권자는 자기 자신의 호모 사케르이기도 하다. 성과사회에서도 주권자와 호모 사케르는 서로가 서로를 낳는 역설적 논리 속에 엮여 있다. 다만 이 역설적 논리는 **주권자와 호모 사케르가 동일인**이라는 점에서 아감벤의 주권 이론과 구별된다.

아감벤은 부정성의 도식을 고수한다. 여기서 가해자와

피해자, 주권자와 호모 사케르는 뚜렷하게 분리되어 있다. 위상학적으로도 그러하다. 주권과 호모 사케르의 벌거벗은 생명은 "동일한 질서의 양극 지대에" 서 있으니 말이다. 아감벤의 비상사태는 부정성의 상태이다. 반면 성과사회의 호모 사케르들은 **전면적인 정상상태, 긍정성의 상태 속에** 거주하고 있다. 아감벤은 주권사회에서 성과사회로의 전환과 이에 따른 폭력의 위상학적 변화를 전혀 알아차리지 못한다. 성과사회를 규정하는 긍정성의 폭력은 아감벤이 일관되게 고수하는 면역학적인 부정성의 패러다임 너머에 있다.

무젤만은 완전히 탈진하여 무력해지고 감정을 상실한 수용소의 수감자들이다. 그들은 전체주의 사회의 호모 사케르로서 그 사회 질서의 한쪽 극지에, 즉 비-장소에 서 있다. 반면 후기근대 사회의 호모 사케르인 성과주체가 서 있는 곳은 **장소의 한복판, 질서의 중심부**다. 여기서는 노동수용소조차 **장소의 변두리에** 들어서지 않는다. 오히려 모든 성과주체가 수용소를 등에 지고 다닌다. 이로써 장소와 비-장소의 구별도 불가능해진다. 성과주체는 수인이자 간수이다. 성과주체는 폭력을 막아내지 못한다. 그 폭력을 휘두르는 것이 자기 자신이기 때문이다. 소진증후군, 우울증 등의 정신 질환에 시달리는 성과주체가 바로 후기근대의 무젤만이 아닌가 하는 의혹이 떠오른다. **폭력의 역사는 가해자와 피해자, 주인과 노예, 자유와 폭력이 하나가 되는 단계에 이르러 완결된다.**

우리 모두가 잠재적으로 호모 사케르라는 아감벤의 주장이 의미하는 바는 우리 모두가 주권자의 추방령과 절대적 살해 권리에 내맡겨져 있다는 것이다. 아감벤의 이러한 사회 진단은 오늘의 사회가 가지고 있는 모든 요소를 통해 반박된다. 이제 사회는 더 이상 주권의 사회가 아니다. 오늘날 우리 모두를 호모 사케르로 만드는 추방령은 주권의 추방령이 아니라 **성과의 추방령**이다. 스스로 **자유롭다고** 믿는 성과주체, 자유인homo liber 또는 **자기 자신의 주권자**의 모습을 한 성과주체는 스스로 성과의 추방령 속으로 들어가 호모 사케르가 된다. 성과사회의 주권자는 **자기 자신의 호모 사케르**이다.

에랭베르의 우울증 이론은 성과사회에 내재하는 시스템적 폭력을 간과한다. 그의 분석은 심리학적인 내용이 대부분이며 경제적, 정치적 관점은 배제되어 있다. 그는 성과주체의 정신 질환에서 자본주의적 자기 착취의 관계를 읽어내지 못한다. 에랭베르에 따르면 '자신에게만 속해야 한다'는 명령이 우울증을 유발하는 유일한 원인이다. 우울증이란 자기 자신이 되지 못한 후기근대적 인간에게서 나타나는 좌절의 병리적 표현일 뿐이다. 에랭베르는 후기근대적 인간이 실은 주권자이자 호모 사케르이며, 주인이자 동시에 노예라는 것을 인식하지 못한 채 그를 니체의 주권적 인간과 등치한다. 니체의 입장에서 그러한 인간은 주권적 인간이 아니라 자기 자신의 노예가 되어 스스로를 착취하는 **마지막** 인간일 것이다.

에랭베르의 가정과는 반대로 니체의 주권적 인간은 실은 탈진 상태의 우울한 성과주체에 반하는 문화비판적 대항 모델이다. 주권적 인간은 한가로운 인간으로 나타난다. 니체라면 활동과잉의 인간을 역겨워했을 것이다. 왜냐하면 "강한 영혼"은 "평정"을 유지하고 "천천히 움직이"며, "지나친 활발함에 대해 거부감"을 품기 때문이다. 《차라투스트라는 이렇게 말했다》에서 니체는 다음과 같이 쓰고 있다. "거친 노동을 좋아하고 빠른 자, 새로운 자, 낯선 자에 마음이 가는 모든 이들아. 너희는 참을성이 부족하구나. 너희의 부지런함은 자기 자신을 망각하려는 의지이며 도피다. 너희가 삶을 더 믿는다면 순간에 몸을 던지는 일이 줄어들 것이다. 하지만 너희는 기다릴 수 있을 만큼 충분한 내용이 속에 없다. ―심지어 게으름을 부릴 만큼의 내용도 없구나!"[93]

아감벤이 말하는 주권 권력은 살인을 저지르지 않고 죽일 수 있는 영역을 창출한다. 이러한 주권의 영역에 포획된 생명은 신성하다sacer. 신성한 생명이란 "본래 죽음의 권력에 예속된 생명"[94]을 의미한다. 호모 사케르의 벌거벗은 생명을 만들어내는 것이 주권의 최초의 업적이다. 호모 사케르의 생명이 벌거벗은 것은 법질서 바깥에 있어서 언제든지 죽일 수 있기 때문이다. 성과사회에 살고 있는 호모 사케르의 생명은 전혀 다른 이유에서 신성하고 벌거벗겨져 있다. 이 생명은 모든 초월적 **가치**를 벗어던지고 생물학적 기능과 활동이라는 내재적 가치로 축소되었다는 점에서 벌거벗은 것이다. 이제 문제는 가능한 모든 수단을 동원해서 생물학적 성능을 극대화하는 일뿐이다. 성과사회는 그 내적 논리에 따라 **도핑사회**로 발전한다. 단순한 생물학적 기능으로 축소된 생명은 무조건 건강하게 유지하기만 하면 된다. 건강은 새로운 신이다.[95] 따라서 **벌거벗은** 생명은 신성하다. 성과사회의 호모 사케르를 주권사회의 호모 사케르와 구별 짓는 또 하나의 특징은 그들을 죽이는 것이 절대로 불가능하다는 점에 있다. 이들의 생명은 완전히 죽지 않은 자들Untote의 생명과 비슷하다. 그들은 **죽을** 수 있기에는 너무 생생하고 **살** 수 있기에는 너무 죽어 있는 것이다.

주

1부 폭력의 거시물리학

1 근대에 폭력에 대한 혐오, 폭력의 정당성 박탈 경향이 나타난다고
말하는 렘츠마는 단지 거친 육체적 폭력만을 염두에 두고 있다. 그
는 시스템적 폭력이나 교묘하게 감추어진 형태의 폭력에 대해서
는 전혀 알지 못한다. J. Ph. Reemtsma, Vertrauen und Gewalt.
Versuch über eine besondere Konstellation der Moderne,
Hamburg 2008 참조.

2 Ovid, Metamorphosen, 6권, 683행 이하(번역은 오비디우스, 《변신이야
기》, 고양: 숲 2005을 함께 참조함 – 옮긴이.)

3 L. Günther/M. Oberweis (편), Inszenierungen des Todes.
Hinrichtung – Martyrium – Schändung, Berlin, 2006, 37면 참조.

4 Sigmund Freud, Das Unbehagen in der Kultur. Und andere
kulturtheoretische Schriften, Frankfurt a. M. 1994, 87면.

5 위의 책, 173면.

6 Sigmund Freud, Das ökonomische Problem des Masochismus,
실린 곳: Das Ich und das Es. Metapsychologische Schriften,
Frankfurt a. M. 1992, 309면.

7 René Girard, Das Heilige und die Gewalt, Düsseldorf 1994,
215면.

8 René Girard, Das Ende der Gewalt. Analyse des Mensch-
heitsverhängnisses, Freiburg i. Br. 1983, 24면.

9 위의 책, 23면 이하.

10 지라르는 플라톤이 원시적 문화에서 볼 수 있는 모방 금지의 진정한 이유를 인식하는 데 실패했다고 비판한다. "플라톤이 예술적 활동을 두려워한다면, 이는 예술적 활동이 일종의 모방 형식이기 때문이지, 그 역이 아니다. 그는 모방에 대한 공포를 원시 부족들과 공유하고 있다. […] 그러나 그는 조금의 뚜렷한 인식도 없으며, 이러한 공포에 대해 아무런 말도 하지 못한다[…]. 그는 폭력 작용의 원인을 결코 소유의 모방, 즉 두 모방적 경쟁자가 서로의 욕망을 부추기며 서로 차지하려고 달려드는 대상에 돌리지 않는다"(Das Ende der Gewalt, 26면 이하). 지라르의 플라톤 비판은 전혀 근거가 없다. 그는 플라톤의 모방 비판에 깔려 있는 형이상학적 동기를 보지 못한다. 플라톤에게 모방은 한편으로 이데아의 단순한 반영이며 존재의 결핍을 나타내기에 금지된다. 다른 한편으로 모방적 행동 방식이 비난의 대상이 되는 것은 동일성을 위험에 빠뜨릴 수 있기 때문이다. 모방하는 자는 끊임없이 그 스스로 모방의 대상으로 변신하려는 경향을 보이며, 결코 자기 자신에게 머물러 있지 않다. 플라톤에게는 여러 모양이 될 수 있는 것, 변화무쌍한 것은 언제나 비난받아 마땅한 것이다. 선은 "단일 형상monoeides"이다. 결국 플라톤의 모방 금지는 변신 금지를 의미한다. 그것은 형이상학적 동일성의 강제에서 유래한다.

11 살생 제의의 다른 예에 관해서는 Walter Burkert, Homo Necans, Interpretationen altgriechischer Opferriten und Mythen, Berlin 1972 참조. 부르케르트 역시 인간이 죽음을 제압하기 위해 죽인다는 견해를 밝힌다.

12 Girard, Das Heilige und die Gewalt, 34면.

13 위의 책, 19면.

14 위의 책, 34면 참조. "폭력의 어떤 속성들, 예컨대 하나의 대상에서 다른 대상으로 옮겨갈 수 있는 폭력의 성질을 활용하는 '영리한 술책'이 희생제의의 견고한 기구 뒤에 숨어 있다."

15 위의 책, 454면 참조. "종교적인 것의 의의는 일차적으로 폭력과 인간 사회의 형성 사이에 가로놓인 엄청난 장애물을 제거하는 것이다."

16 헤겔에게 희생은 사회 질서의 붕괴에 대한 두려움이 만들어낸 폭력 예방 조치와는 거리가 멀다. 그는 희생을 오히려 "기쁨의 행위"라고 정의한다. 그에 따르면 희생이란 유한한 주체가 절대자를 위해 자신이 가진 것을 포기하는 행위다. 희생은 "내가 나만의 것을 갖고 있지 않다는 것, 그것을 포기하고 나 자신을 절대자에 대한 관계 속에서 생각한다는 선언"이다(G. W. F. Hegel, Vorlesungen über die Philosophie der Religion I, Werke in zwanzig Bänden, E. Moldenhauer/K. M. Michel 편. Frankfurt a. M. 1970, 16권, 225면).

17 Friedrich Nietzsche, Der Antichrist, Kritische Gesamtausgabe, VI-3권, 180면 이하.

18 면역학적이고 수동적인 태도는 한 사회가 스스로에게 약화된 형태의 폭력을 처방하여 폭력에 대한 면역력을 획득하려 할 때 나타난다. Das Heilige und die Gewalt, 426면을 참조할 것. "면역력 강화와 예방 접종 같은 근대적 처방 앞에서 어떤 말을 할 수 있을까? [⋯] 이때 의학적 개입의 효과는 병을 '약간' 심어 넣어줌으로써 달성된다. 이는 제의의 경우와 다르지 않다. 제의 역시 폭력에 저항할 수 있는 힘을 길러주기 위해 공동체에 '약간의' 폭력을 주입하는 것이기 때문이다. 유사성을 비교해보면 거의 현기증이 일 정도이다. 그 정도로 풍부하고 정확한 일치점들이 나타난다."

19 E. S. Craighill Handy, Polynesian Religion, Honolulu 1927, 31면, Elias Canetti, Masse und Macht, 287면 이하에서 재인용. 바우들러는 원시적 살해 폭력이 "맹수 지위"를 획득하거나 "피식자의 지위"를 벗어나려는 노력에서 나온 것으로 본다. 그러나 맹수 지위를 얻으려는 노력에서 마나의 자본주의 경제가 도출될 수는 없다. G. Baudler, Ursünde Gewalt. Das Ringen um Gewaltfreiheit, Düsseldorf 2001 참조.

20 Pierre Clastres, Archäologie der Gewalt, Berlin 2008, 28면.

21 왕도 어떤 높은 권력에 예속되어 그 처분에 내맡겨져 있다. "왕은 보름달이 뜰 때 다스리고, 달이 기울 때 은신처로 물러난다. 그러나 수년의 순환 주기가 끝나 별들이 훗날 새로 태어나기 위해 저물고 나면, 왕은 왕비들과 함께 광산의 갱도 속에서 교살당한다. 달이 새

로 떠오르면 새로운 지배자가 왕위에 세워진다"(W. Binde, Tabu. Die magische Welt und Wir, Bern 1934, 76면 이하). 원시 사회에서 왕은 전능한 지배자와는 거리가 멀다. "왕은 어둠 속에서 오두막에 산다고 한다. 그리고 해나 달을 보면 죽을 것이다. 콩고 강어귀에 관해 전해지는 것처럼 왕은 왕좌에 묶여 밤에도 앉은 자세로 잠을 잔다. 왕은 지배하고, 묶이고, 고유의 시간을 따르는 전능의 법칙에 따라 죽는다"(위의 책, 77면).

22 Lévi-Strauss, Die elementaren Strukturen der Verwandtschaft, Frankfurt a. M. 1981, 127면 참조. "적대적 관계와 호혜적 교환 사이에는 어떤 끈이, 연속성이 있다. 교환 행동은 평화적으로 해결된 전쟁이고 전쟁은 불행한 거래의 결과이다."

23 Clastres, Archäologie der Gewalt, 73면.

24 위의 책, 77면.

25 원시 사회는 국가와 같은 권력 구성체를 만들어낼 수 없다. 다음에서 클라스트르는 능력의 문제와 의지의 문제를 혼동하고 있다. "권력을 지닌다는 것은 권력을 행사한다는 것이고, 권력을 행사한다는 것은 권력 행사의 대상이 되는 자들을 지배한다는 것을 의미한다. 바로 그러한 지배를 원시 사회는 원하지 않는 것이다"(위의 책, 29면).

26 Baudler, Ursünde Gewalt, 115면.

27 아리스토텔레스는 자본의 증식을 꾀하는 순수한 영리 행위는 좋은 삶이 아니라 단순히 삶 자체에만 매달리기 때문에 부도덕한 것임을 지적한다. "따라서 어떤 사람들은 영리를 가정 관리의 과업이라고 여기고, 화폐 자산을 잘 보존하든가 무한히 증식시켜야 한다는 견해를 줄기차게 옹호한다. 이러한 신념의 근거는 부지런히 삶을 돌보려는 노력이지만, 그것은 좋은 삶을 위한 노력은 아니다. 화폐를 향한 욕망은 무한히 뻗어가기 때문에, 그들은 이를 실현할 가능성 또한 무한하기를 갈망하게 된다"(《정치학》 1237b).

28 Sigmund Freud, Das Unbehagen in der Kultur, 161면.

29 위의 책, 160면 이하.

30 Sigmund Freud, Das Ich und das Es. Metapsychologische Schriften, Frankfurt a. M. 1992, 273면.

31 위의 책, 291면.

32 위의 책, 290면.

33 위의 책, 285면.

34 위의 책, 106면.

35 위의 책, 179면.

36 위의 책, 181면.

37 위의 책, 294면.

38 Immanuel Kant, Die Metaphysik der Sitten, Werke in zehn Bänden, W. Weischedel 편, Darmstadt 1983, 7권, 573면.

39 위의 곳.

40 위의 책, 574면.

41 Immanuel Kant, Kritik der praktischen Vernunft, Werke in zehn Bänden, 6권, 239면.

42 Richard Sennett, Verfall und Ende des öffentlichen Lebens. Die Tyrannei der Intimität, Berlin 2008, 563면.

43 위의 책, 581면.

44 Sigmund Freud, Das Ich und das Es, 268면.

45 Alain Ehrenberg, Das erschöpfte Selbst. Depression und Gesellschaft in der Gegenwart, Frankfurt a. M. 2008, 300면.

46 위의 책, 305면. "무한한 가능성의 시대에 우울증은 통제할 수 없는 것을 상징한다. 우리는 정신적, 육체적 본성을 조작할 수 있고, 다양한 수단을 가지고 우리의 한계를 더 뒤로 물러나게 할 수도 있다. 그러나 이러한 조작은 우리를 그 무엇에서도 해방시켜주지 못한다. 강제와 자유는 변화한다. 그러나 '소거될 수 없는 것'은 줄어들지 않는다.

47 위의 책, 302면.

48 위의 책, 288면.

49 종결의 형식은 경직 상태를 초래하고, 이는 자본주의적 생산 과정의 가속화에 방해가 된다. 성과주체는 모든 것에 대해 열려 있을 때, 그러니까 유연한 상태일 때, 가장 자신을 착취한다.

50 Ehrenberg, Das erschöpfte Selbst, 22면.

51 위의 책, 284면.

52 악셀 호네트는 서문에서 다음과 같이 말한다. "에렝베르의 확신에 따르면, 오늘날 사회적 도전과의 근본적 마찰 없이, 혹은 사회와의 내적 갈등 없이 주체의 심리구조가 형성된다는 것은 시민 민주주의의 문화적 전제를 우려할 만한 수준으로 위협한다. 시민 민주주의의 활력은 기본적으로 시민의 참여에서 나오는 것이고, 시민들은 스스로의 발달 과정에서 심리적 갈등의 경험을 하고 이로써 사회적 이견과 불화의 상태에 대해 어느 정도 이해 지평을 갖추었을 때만, 논쟁적인 사안에 대해 입장을 표명하거나 공공적인 여론 형성이라는 갈등에 찬 과정에 함께 능동적으로 참여할 역량을 갖출 수 있을 것이기 때문이다"(위의 책, 9면).

53 위의 책, 273면.

54 에렝베르는 우울증적 질환에 특징적으로 나타나는 자기공격성이 죄와 책임의 소재를 확정할 수 없다는 데서 발생하는 것으로 본다. "집단 사이의 투쟁이 개인적 경쟁으로 대체된다[…]. 우리는 어떤 이중적 현상을 경험하고 있다. 점증하는, 그러나 추상적으로 머물러 있는 보편화(세계화)와 마찬가지로 점증하는, 그러나 구체적으로 감지되는 개인화. […] 이러한 맥락에서는 어떤 상황 속에서 피해자가 되었다고 느끼더라도 그 상황에 대해 누군가에게 책임을 묻기가 훨씬 더 어려워진다. […] 분노의 감정은 자기 자신에게 돌려지고(우울증은 자기공격이다), 어떤 희생양에게 투사된다"(위의 책, 294면). 사회적, 경제적 연관관계의 복합성으로 말미암아 명확하게 누구에게 죄를 돌리는 것이 불가능한 상황에서 분노의 감정을 스스로에게 돌리는 것은 있을 수 있는 일이다. 그러나 이러한 자책은 흔히 자살로까지 귀결되는 자기공격과는 근본적으로 구별되어야 한다.

55 Carl Schmitt, Der Begriff des Politischen, München 1932, 14면. 적은 "타자, 낯선 자"이며 "실존적으로 뭔가 다르고 낯선 것"으로서, "이 때문에 적과의 사이에서는 극단적인 경우 사전에 결정된 일반적 규범을 통해서도, '이해관계가 없는' '중립적' 제3자의 결정을 통해서도 해결될 수 없는 갈등이 일어날 가능성이 있다."

56 위의 책, 34면.

57 위의 책, 26면.

58 위의 책, 34면.

59 위의 책, 32면.

60 Carl Schmitt, Theorie des Partisanen. Zwischenbemerkung zum Begriff des Politischen, Berlin 1963, 87면 이하.

61 Carl Schmitt, Der Begriff des Politischen, 54면.

62 위의 책, 27면.

63 위의 책, 23면.

64 Carl Schmitt, Politische Theologie. Vier Kapitel zur Lehre von der Souveränität, Berlin 1990, 18면 이하 참조: "비상사태는 무정부 상태나 혼돈과는 엄연히 다른 것이다. 따라서 법질서는 아니라 해도 법적 의미에서 모종의 질서가 성립한다. 이때 국가의 존재는 의심의 여지 없이 법 규범의 효력보다 우월한 지위를 확립한다. 결정은 어떤 법적 구속력에도 구애받지 않으며 진정한 의미에서 절대적이다."

65 Carl Schmitt, Der Begriff des Politischen, 37면.

66 위의 책, 34면.

67 위의 책, 38면.

68 Martin Heidegger, Sein und Zeit, Tübingen 1993, 127면.

69 Martin Heidegger, Die Selbstbehauptung der deutschen Universität, Frankfurt a. M. 1983, 14면.

70 Carl Schmitt, Der Begriff des Politischen, 70면 이하.

71 Carl Schmitt, Politische Romantik, Berlin 1968, 25면.

72 위의 책, 176면.

73 Carl Schmitt, Der Begriff des Politischen, 23면.

74 Carl Schmitt, Nomos der Erde, Berlin 1950, 13면 이하.

75 Carl Schmitt, Land und Meer. Eine weltgeschichtliche Betrachtung, Köln 1981, 7면.

76 Carl Schmitt, Ex Captivitate Salus. Erfahrungen aus der Zeit 1945-1947, Köln 1950, 89면.

77 Hegel, Grundlinien der Philosophie des Rechtes, Werke in

zwanzig Bänden, E. Moldenhauer/K. M. Michel 편, Frankfurt a.
M. 1969, 7권, 414면.

78 Walter Benjamin, Zur Kritik der Gewalt, Gesammelte Schriften,
R. Tiedemann 외 편, II.1, 198면.

79 위의 책, 197면.

80 Hesiod, Werke und Tage, 274-280행. 아감벤 역시 이들 시
행을 인용하지만 폭력과 법의 본질적 차이를 인식하지 못한다.
Agamben, Homo sacer. Die Souveränität der Macht und das
nackte Leben, Frankfurt a. M. 2002, 42면.

81 Walter Benjamin, Zur Kritik der Gewalt, 199면.

82 위의 책, 190면 이하.

83 위의 책, 191면.

84 위의 곳.

85 위의 곳.

86 위의 책, 195면.

87 위의 책, 193면.

88 위의 곳.

89 위의 책, 191면 이하.

90 위의 책, 196면 참조.

91 위의 책, 199면.

92 고라 무리의 기이한 방식의 죽음을 모세는 자신이 신에게 선택받았
음을 나타내주는 신적 징표로 해석한다. "이제 눈앞에 일어날 일로
너희는 하나님께서 나를 보내셔서 내가 이러한 일을 한 것이지 내
생각대로 이러한 일을 하지 않았다는 사실을 알게 될 것이다. 다단
과 아비람의 무리가 다른 사람들과 똑같이 오래도록 살다가 하나님
의 벌도 받지 않고 죽는다면 여호와께서 나를 보내셨다는 것은 거
짓말이 될 것이다. 그러나 여호와께서 생전 듣지도 보지도 못한 일
을 일으키실 것이다. 이제 땅이 입을 벌려서 이들과 이들에게 속한
일체를 산 채로 삼켜 음부로 떨어뜨린다면 너희는 그제야 이 어리
석은 자들이 또다시 여호와를 시험하였다는 사실을 깨닫게 될 것이
다"(민수기 16장 28-31절).

93 Walter Benjamin, Zur Kritik der Gewalt, 200면.

94 위의 곳.

95 위의 책, 203면.

96 Giorgio Agamben, Ausnahmezustand, Frankfurt a. M. 2004, 77 면.

97 Giorgio Agamben, Homo sacer, 42면.

98 Aristoteles, Politik, 1252b.

99 Aristoteles, Nikomachische Ethik, 1155a.

100 Aristoteles, Politik, 1262b.

101 위의 책, 1295b.

102 위의 책, 1281a.

103 따라서 이윤만을 추구하는 순수하게 경제적인 조직은 공동체를 이루지 못한다. 그러한 조직에는 정치적 차원이 결여되어 있기 때문이다. '수익/손실'이라는 이분법적 코드에 따라 작동하는 경제 시스템은 그 자체만으로는 공공의 복리에 무관심하다. 바로 여기서 정치적인 것의 진정한 본질이 무엇인지 드러난다.

104 아리스토텔레스는 바로 자신의 정치관에 따라 전쟁과 지배를 지향하는 국가 헌법을 비난한다(Politik, 1333b). "고립된 자"만이 "전쟁을 열망한다"(위의 책, 1253a). 정치적인 것은 적으로서의 타자를 배제하는 것이 아니라 중개하고 통합하는 것이다. 전쟁은 평화를 위해 벌이는 것일 때만 정치적 행동이 된다(위의 책, 1333a).

105 Agamben, Ausnahmezustand, 105면.

106 Agamben, Homo sacer, 119면.

107 Thomas Hobbes, Elemente der Philosophie, Hamburg 1994, 129면.

108 Thomas Hobbes, Leviathan, Hamburg 1996, 135면.

109 위의 책, 139면.

110 Giorgio Agamben, Mittel ohne Zweck, Berlin 2001, 99면.

111 위의 책, 100면.

112 위의 책, 102면. 이 주장은 적지 않은 미군 병사가 이라크 민간인에게 가한 잔인한 범죄 행위로 처벌받았고 심지어 종신형을 선고받은

경우도 있다는 사실과 상치된다.

113 위의 책, 108면.

114 위의 곳. 아감벤은 아리스토텔레스처럼 언어를 정치와 결합한다. 그러나 언어가 그 사실성으로 환원됨에 따라 언어의 정치적 차원도 다시 제거된다. 아리스토텔레스는 언어의 정치적 차원을 팍툼 로퀜디에서 찾지 않는다. 그에게 언어는 로고스다. 언어를 할 줄 아는 인간은 이성을 타고난 존재(조온 로곤 에콘zoon logon echon)다. 바로 이 같은 언어와 로고스 사이의 본질적 연관성이 인간을 정치적 동물로 만든다. 언어 속에 있다는 사실성이 아니라 언어의 논리성Logizität이 언어의 정치적 본질이다. 인간은 언어의 논리성에 힘입어 법과 불법, 정의와 불의를 구별하는 능력을 갖춘다.

115 Baudrillard, Transparenz des Bösen, 131면.

116 Giorgio Agamben, Herrschaft und Herrlichkeit. Zur theologischen Genealogie von Ökonomie und Regierung, Frankfurt a. M. 2010, 12면.

117 위의 책, 305면.

118 Martin Heidegger, Reden und andere Zeugnisse eines Lebensweges 1910-1976, Gesamtausgabe 16권, Frankfurt a. M. 2000, 563면.

119 Martin Heidegger, Briefwechsel mit E. Blochmann, Marbach am Neckar 1989, 23면.

120 Hannah Arendt, Denktagebuch, München/Zürich 2002, 1권, 276면.

121 Augustinus, Epistolam Ioannis, Tractatus, 8, 10 참조.

122 Augustinus, Sermo Lambot, 27, 3.

123 Aristoteles, Nikomachische Ethik, 1166a 29-32.

124 Aristoteles, Nikomachische Ethik, 1166b 1-2.

125 Heinrich von Kleist, Penthesilea, 15장場.

126 Friedrich Nietzsche, Nachlaß Frühjahr-Herbst 1881, Kritische Gesamtausgabe, V-2권, 448면.

127 Niklas Luhmann, Die Wirtschaft der Gesellschaft, Frankfurt a.

M. 1988, 257면 참조: "상징은 분리된 것을 하나의 통일체로 결합한다. 차이를 녹여버리거나 폐기해버리지 않으면서 양측이 서로에게 속한다는 것을 인식할 수 있게 함으로써." 그렇다면 돈만이 아니라 권력도 상징적 매체이다. 그러나 루만이 말하는 것처럼 심볼론symbolon(상징)과 함께 디아볼론diabolon(악마적인 것)(상징과 반대로 분리하는 것을 의미 – 옮긴이)의 계기도 그 속에 포함되어 있다.

2부 폭력의 미시물리학

1   Johan Galtung, Strukturelle Gewalt, Beiträge zur Friedens-und Konfliktforschung, Reinbek 1975, 12면.

2   위의 책, 9면.

3   위의 책, 22면.

4   Pierre Bourdieu, Die männliche Herrschaft, 실린 곳: Ein alltägliches Spiel. Geschlechterkonstruktion in der sozialen Praxis, I. Dölling 외 편, Frankfurt a. M. 1997, 153–217면, 그중 165면.

5   Slavoj Žižek, Gewalt. Sechs abseitige Reflexionen, Hamburg 2011, 38면.

6   위의 책, 17면.

7   위의 책, 21면.

8   위의 책, 86면.

9   위의 책, 93면.

10   위의 책, 131면.

11   Michel Foucault, Der Wille zum Wissen. Sexualität und Wahrheit I, Frankfurt a. M. 1977, 162면.

12   위의 책, 163면.

13   위의 책, 166면.

14   위의 책, 167면.

15   위의 책, 172면.

16 위의 책, 166면.

17 산업을 가리키는 영어 단어 'industry'는 본래 근면, 부지런함을 의미한다. 교화소는 'Industrial School'이라고 불린다.

18 Michel Foucault, Der Wille zum Wissen, 168면.

19 국민이 주권자로 등장하는 것은 권력의 교체가 아니라 권력의 탈권력화다. 권력의 본질적 특징은 위계질서다. 따라서 합의와 동의를 지향하는 민주적 커뮤니케이션은 권력의 커뮤니케이션이 아니다.

20 Michel Foucault, Der Wille zum Wissen, 113면.

21 위의 곳.

22 위의 책, 116면.

23 Michel Foucault, Das Subjekt und die Macht, 실린 곳: Michel Foucault, Jenseits von Strukturalismus und Hermeneutik, Hubert L. Dreyfus und Paul Rabinow 편, Weinheim 1994, 241–261면, 그중 254면.

24 Michel Foucault, Der Wille zum Wissen, 163면.

25 위의 책, 163 이하.

26 푸코는 고문을 무엇보다도 진리 사건으로 파악한다. 고문은 고문하는 자와 희생자 사이에서 진실을 둘러싸고 벌어지는 "결투"라는 것이다(Michel Foucault, Überwachen und Strafen, Frankfurt a. M. 1976, 56면). 푸코에 따르면 고문은 "잔인하기는 하지만 아무 제한도 없이 무지막지한 것은 아니다." 고문은 "정확히 정해진 절차와 규정에 따라 이루어지는 실천 양식이다." 푸코는 고문의 관료기구, 고문의 조직과 행정을 탐구하는데, 그 과정에서 폭력의 측면은 그의 시야를 완전히 벗어나버린다. "순간, 지속 시간, 도구, 밧줄 길이, 아령 무게, 쐐기의 수, 신문하는 관리의 개입. 이 모든 것이 관습법 속에 하나하나 세밀하게 규정되어 있다. 고문은 엄격한 규칙에 따라 진행되는 재판절차다"(위의 책, 54면 이하). 푸코는 엄격한 행정과 관료체제가 근대적 권력기술의 특징이라고 보고 오직 여기에만 주의를 집중한다. 고문하는 자는 진리의 이름으로 임무를 수행하는 깐깐한 고통의 관리官吏가 된다. 그러나 실제로 고문은 진리의 경제보다는 쾌락의 경제를 따른다. 궁극적으로 중요한 것은 자백이 아니다. 여기서는 언

어 자체가 종종 모든 의사소통적 기능을 상실한 채 몽둥이처럼 사용된다.

27 Foucault, Der Wille zum Wissen, 166면.

28 Giorgio Agamben, Homo sacer. Die Souveränität der Macht und das nackte Leben, Frankfurt a. M. 2002, 14면.

29 Foucault, Überwachen und Strafen. Die Geburt des Gefängnisses, Frankfurt a. M. 1976, 397면.

30 Jean Baudrillard, Transparenz des Bösen. Ein Essay über extreme Phänomene, Berlin 1992, 122면.

31 위의 책, 75면.

32 위의 책, 74면.

33 위의 책, 86면.

34 〈슈피겔〉 2002년 1월 15일자 보드리야르 인터뷰.

35 Jean Baudrillard, Der Geist des Terrorismus, Wien 2002, 85면.

36 위의 책, 86면.

37 위의 책, 20면.

38 위의 책, 63면.

39 위의 책, 55면.

40 위의 곳.

41 위의 책, 54면.

42 Arthur Schnitzler, Aphorismen und Betrachtungen, Frankfurt a. M. 1967, 177면 이하. 보드리야르는 생명 일반이 존재론적, 우주적 필연성 속에서 몰락한다는 슈니츨러의 생각에 동의한다. 그에 따르면 모든 개체의 비밀스러운 운명은 다른 개체를 죽이지만 그 개체를 해하려는 공격성이나 나쁜 의도에서가 아니라 단순히 자신이 존재한다는 이유만으로 그렇게 한다는 데 있다. 존재한다는 것은 그 자체로 이미 폭력인 것이다. 일방에게는 "삶의 사명 Lebensbestimmung" 이 타자에게는 파멸의 원인이 되며, 이때 전자는 자신의 생존이 타자의 존재에 엮여 있다는 것을 인식하지 못한다.

43 Martin Heidegger, Unterwegs zur Sprache, Pfullingen 1959, 159면.

44 Peter Handke, Am Felsfenster morgens, Salzburg 1998, 336면.

45 프로이트는 빌헬름 플리스에게 보낸 한 편지에서 다음과 같이 쓰고 있다. "자네도 알다시피 나는 우리의 심리적 메커니즘이 적층을 통해 생겨났다는 가정하에 작업하고 있네. 그래서 기존 기억의 자취들은 간헐적으로 새로운 관계에 따라 재배열되고 다시 쓰기 과정을 거친다는 거지. 내 이론에서 본질적으로 새로운 것은 그러니까 기억이 한 가지로 존재하는 것이 아니라 여러 가지로 존재하며, 다양한 양식의 기호 속에 침전되어 있다는 주장일세"(Sigmund Freud, Briefe an Wilhelm Fließ. 1887-1904, J. M. Masson 편, Frankfurt a. M. 1986, 173면).

46 Carl Schmitt, Römischer Katholizismus und politische Form, Stuttgart 2008, 48면.

47 위의 책, 47면.

48 위의 책, 58면.

49 Jean Baudrillard, Die fatalen Strategien, München 1991, 71면.

50 위의 책, 12면.

51 Jean Baudrillard, Die göttliche Linke Chronik der Jahre 1977-1984, München 1986, 113면.

52 언어를 오직 상징성의 관점에서만 바라보는 이들은 소박한 이상주의에 빠지고 만다. 하나 아렌트에게는 언어 그 자체가 이해와 소통이다. 그래서 그녀는 언어적인 것과 정치적인 것을 한데 묶는다. 정치적인 것의 본질은 함께 행동하는 것이며, 이는 서로 이야기를 나누는 데 바탕을 둔다. 반면 폭력은 말없이 침묵한다(Hanna Arendt, Über die Revolution, München 1965, 20면). 폭력은 말이 없다는 그 사실만으로도 정치적인 것에 속하기 어려운 주변적 현상이다. 이에 따르면 언어가 중단되는 곳에서 정치도 끝난다. 아렌트는 폭력에 목소리를 부여하며 공동의 행동을 가로막는 언어의 악마성을 완전히 무시한다.

53 니체 역시 말과 폭력의 근원적 인접성을 가정한다. 니체에 따르면 자기를 알린다는 것 Sich-Mitteilen은 "자신의 폭력을 타자에게 뻗치는 것"(Friedrich Nietzsche, Nachgelassene Fragmente 1882-1884, Kritische

Gesamtausgabe, VII-1권, 306면)을 의미한다. 이때 자기 의지의 현시로
서의 알림은 타자를 제압하는 행위로 나타난다. 말하는 것은 해치
는 것이다. 최초의 기호는 "한 의지를 다른 의지에 (흔히 고통스럽게)
각인"한다. "타자의 훼손"이 "강자의 기호 언어"의 본질이다. 이해
는 즉시 수난과 고통의 감각을 일으키며 이루어진다. 그리하여 니
체의 생각을 이어간다면 기호란 본래 흉터였을 수도 있을 것이다.
폭력의 논리는 문법 속에까지 파고든다. 어미변화는 타자를 굽히고
(flectere) 이로써 폭력적으로 굴복시킨다. 주격과 목적격은 주인과
노예 같은 관계를 맺는다. 그러나 상징성의 측면에서 언어를 관찰
한다면 어미변화는 구부리는 폭력이 아니라 적응이며 접합일 것이
고, 굴절을 의미하는 라틴어 flectere도 유연화Flexibilisieren라는 의
미를 획득할 것이다.

54 최근 언어폭력에 대한 관심이 커진 것은 언어폭력이 특별히 널리
확산되었기 때문이 아니다. 그것은 오히려 모든 형태의 신체적 폭
력을 거부하는 오늘날의 분위기와 관련이 있다. 이 때문에 부정성
의 폭력은 오직 언어라는 매체 속에서만 가능하게 된 것이다. 따라
서 언어폭력에 쏠리는 관심은 미래지향적인 것이라기보다는 회고
적이고 과거지향적인 현상이다.

55 마이크로블로그나 페이스북 같은 소셜네트워크 서비스는 부정성의
사회, 이를테면 독재 체제 속에서 충분히 건설적 역할을 수행할 수
있다. 최근 아랍 지역의 사태에서 볼 수 있듯이 그러한 서비스는 통
제권력을 따돌리고 저항운동을 조직화하는 데 유용하다. 그러나 서
방 세계와 같은 긍정성의 사회에서는 이 역시 긍정화되어 비대해진
자아를 위한 전시공간으로 발전한다.

56 René Decartes, Die Prinzipien der Philosophie, Hamburg 2005,
15면.

57 Martin Heidegger, Unterwegs zur Sprache, 119면.

58 Emmanuel Lévinas, Zwischen uns, München 1995, 250면 참조:
"내가 '세상에 있다는 것', 내가 차지한 '양지의 자리', 나의 집이 이
미 타자에게 속한 삶의 공간을 찬탈한 결과가 아닌가. 내가 타자를
억압하고 굶겨 죽이고 제3의 세계로 추방하여 얻어낸 것, 추방하고

배제하고 실향 상태로 만들고 죽여서 차지한 것."

59 Emmanuel Lévinas, Wenn Gott ins Denken einfällt, Freiburg i. Br. u.a. 1985, 218면.

60 Emmanuel Lévinas, Jenseits des Seins oder anders als Sein geschieht, Freiburg i. Br. u.a. 1998, 190면: "주체성은 대체 불가능한 자기-자신이다. 그것은 정확히 말하면 자신의 정체성 속에서 주격으로 정립된 자아가 아니라 오히려 처음부터 강제로 목적격으로…: 목적격 속에 몰려간 자, 처음부터 책임을 지고 있는, 그 책임에서 벗어날 수 있는 가능성도 없는 자다."

61 위의 책, 51면.

62 Michel Serres, Das eigentliche Übel. Verschmutzen, um sich anzueignen, Berlin 2009, 76면.

63 위의 책, 91면.

64 위의 책, 30면.

65 위의 책, 76면.

66 Baudrillard, Transparenz des Bösen, 앞의 책, 40면.

67 Gilles Deleuze/Félix Guattari, Anti-Ödipus. Kapitalismus und Schizophrenie, Frankfurt a. M. 1974, 15면.

68 Gilles Deleuze/Félix Guattari, Tausend Plateaus, Berlin 1992, 16면 참조: "리좀에서는 모든 점이 다른 모든 점과 결합할 수 있다 (결합해야 한다). 하나의 점, 하나의 질서가 고정되어 있는 나무나 뿌리의 경우에는 사정이 전혀 다르다."

69 위의 책, 41면.

70 Gilles Deleuze/Félix Guattari, Anti-Ödipus, 앞의 책, 46면.

71 위의 책, 8면.

72 위의 책, 13면.

73 위의 책, 14면.

74 위의 책, 511면.

75 위의 책, 44면.

76 위의 책, 308면.

77 위의 책, 515면.

78 위의 곳.

79 Michael Hardt/Antonio Negri, Empire. Die neue Weltordnung, Frankfurt a. M. 2003, 75면.

80 Michael Hardt/Antonio Negri, Multitude. Krieg und Demokratie im Empire, Frankfurt a. M. 2004, 124면.

81 위의 책, 122면.

82 하트와 네그리는 어떤 명확한 저항 전략도 없이 신비적이고 유토피아적인 마법 공식에만 의지한다. 그들은 때로 아시시의 프란체스코를, 때로 아우구스티누스를 끌어다 댄다. 플로티노스도 인용된다. "'우리를 사랑하는 고국으로 도피하게 해달라.' 이것이 더 적합한 요구일 것이다. […] 저곳이 우리가 온 우리의 조국이기 때문이다. 그리고 저기에 우리의 아버지가 있다. 대체 이것은 어떤 여행인가? 이 도주는? 그것은 발로 하는 여행이 아니다. 마차도, 바다 위를 떠가는 배도 준비할 필요가 없다. 아니, 이 모든 것을 뒤로하고 보지도 말라. 그저 두 눈을 감고 옛것 대신 새로운 전망이 마음속에서 떠오르게 하라"(Hardt/Negri, Empire, 402면 이하).

83 그리하여 이들의 저서는 공산주의의 낭만적 미화로 마무리된다. "후기근대에 이르러 우리는 다시 한 번 아시시의 프란체스코와 같은 상황에 처해 있다. 그리하여 권력의 참상에 존재에 대한 기쁨을 맞세운다. 이러한 혁명은 그 어떤 권력도 억제할 수 없을 것이다. 왜냐하면 생명권력과 공산주의, 협동과 혁명은 사랑과 단순함 속에서, 또한 그 무구함 속에서 하나로 남아 있을 것이기 때문이다. 여기에 공산주의자가 된다는 억누를 수 없는 기쁨과 경쾌함이 있다"(같은 책, 420면).

84 위의 책, 69면 참조: "실제로 인정할 수밖에 없는 것은 이러한 여러 상황에서 정말 새로운 것을 부각시키려고 해봐도 결국 이들 투쟁이 이미 아주 오래되고 낡아빠진 것, 시대착오적인 것이 아닌가 하는 의심에서 벗어날 수 없다는 점이다. 천안문 광장의 투쟁은 이미 오래전에 유행이 지난 민주주의의 담론을 사용한다. 기타, 머리띠, 천막, 구호는 1960년대 버클리의 빈약한 메아리처럼 보인다. 로스앤젤레스의 폭동도 1960년대 미국을 뒤흔든 인종 갈등의 여진 같다.

파리와 서울의 파업은 대규모 공장제 노동의 시대로 돌아간 것 같
은 느낌을 준다. 마치 멸종해가는 노동자 계급이 마지막 한숨을 내
뱉는 듯이."

85 위의 책, 70면.

86 위의 책, 71면.

87 위의 책, 313면.

88 위의 책, 223면.

89 위의 책, 218면.

90 Agamben, Homo sacer, 100면.

91 위의 책, 116면.

92 면역학적 담론의 유행 역시 오늘의 사회가 그 어느 때보다도 더 충
실하게 면역 도식을 따르고 있다는 증거가 되지는 못한다. 어떤 패
러다임이 반성의 대상으로 부상하는 것은 그 패러다임의 종언의 징
조인 경우가 많다. 오늘날 사회는 점점 더 면역학적 방어의 도식에
서 벗어나는 구도를 형성해가고 있다. 면역반응을 불러일으킬 수
있는 강한 의미의 타자, 이방인은 점점 사라진다. 면역학적 시대에
서 동일한 것이 지배하는 포스트 면역학적 시대로의 전환은 지구화
과정과도 관련이 있다. 여기서 지구화 과정의 가속화에 방해가 되
는 부정성은 점점 더 제거되어간다. 동일한 것에서 발원하는 폭력
은 더 이상 면역학적 방식으로 물리칠 수 없다. 그렇기에 동일한 것
의 폭력은 부정성의 폭력보다 더 음험하다.

93 Friedrich Nietzsche, Also sprach Zarathustra, Kritische
Gesamtausgabe, V-1권, 53면.

94 Agamben, Homo sacer, 94면.

95 니체의 마지막 인간은 신의 죽음 이후 건강을 새로운 신으로 선포한
다. "[…] 사람들은 건강을 숭배한다. '우리는 건강을 발명했다.' 마지
막 인간들은 이렇게 말하고 눈을 깜빡거린다"(Also sprach Zarathustra,
14면).

폭력과 환상

저자가 이 책에서 말하고자 하는 바를 한마디로 요약한
다면 우리는 부정성의 폭력을 지나 긍정성의 폭력의 시
대를 살고 있다는 것이다. 이는 20세기 이후 문명화 과정
에서 폭력이 급격하게 줄어들었으며 이를 실증적으로 입
증할 수 있다고 보는 스티븐 핑커의 입장과 완전히 반대
되는 주장이다. 한병철에 따르면 폭력은 형태를 바꾸었
을 뿐, 사라진 것이 아니다. 폭력은 우리의 삶에 여전히,
어쩌면 그 어느 때보다도 더 강력하게 작용하고 있다.

그런데 긍정성의 폭력이라니? 폭력이란 부정적인 것
이 아닌가? 긍정적인 것으로 여겨지는 폭력도 있다는 말
인가? 저자가 말하는 긍정성의 폭력이란 무엇을 말하는
것인가? 부정적이지 않은 폭력이 존재할 수 있다면, 대체

폭력이란 무엇인가?

　일상적인 의미에서 폭력은 전혀 이해하기 어려운 말이 아니다. 육체적, 물리적 힘으로 공격하여 신체적인 고통과 해를 입히는 것이 폭력이다. 그런데 오늘날 폭력이란 말은 더 이상 육체적, 물리적 차원의 의미로만 사용되지 않는다. 오늘날 폭력이 피해자에게 신체뿐만 아니라 정신에까지도 심각한 손상을 입힐 수 있다는 것은 잘 알려져 있다. 만일 폭력의 효과 가운데 심리적인 것이 중요한 비중을 차지한다면 그러한 손상을 초래하는 원인인 폭력 행위 역시 반드시 육체적이거나 물리적인 힘의 작용이어야 한다고 볼 수는 없을 것이다. 그래서 심리적 폭력, 언어적 폭력 같은 말도 요즘은 거의 일상적으로 사용된다. 그런데 폭력의 의미가 이렇게 확장되면 우리는 폭력의 의미가 정확히 무엇인가 하는 난문 難問에 직면하게 된다. 비판이나 비난이 폭력인가? 욕설부터가 폭력인가? 아니면 언어적, 심리적 공격에 처한 사람이 받는 피해의 정도가 폭력인지 아닌지를 판가름하는가? 폭력의 의미가 육체적, 물리적 힘의 행사로 한정될 때는 폭력 여부를 판정하는 비교적 명확한 몇 가지 기준이 있다. 가장 광의로 육체적 폭력을 이해한다면, 상대방의 의사에 반하여 그의 신체에 힘을 가하는 모든 의도적인 행위가 폭력이 된다. 그런데 언어적 폭력에는 이런 기준을 적용할 수 없을 것이다. 그런 식의 기준을 적용했다가는 상대가 듣고 싶지 않은 말을 하는 것이 모두 언어폭력으로 간주되어야 할 것이다. 두 주체의 의지가 충돌할 때 (육체적) 폭력을 피하는 방법은 주먹이 아니라 말을 주고받는 것일 텐데, 이때 상대가 원하는 말만 오갈 수 없는 것은 너무도 당연하다. 그런데 그것마저 언어적 폭력이라면, 폭력은 갈등이 있는 곳에 언제나 필연적으로 나타날 수밖에 없는 현상이라고 해야 할 것이다. 이렇게까지 폭력의 의미를 확장하지 않기 위해서는 언어적 공격이 영혼에 얼마만큼 손상을 입혀야 폭력이라고 할 수 있다는 식으로 일정한 기준이 필요할 것이다. 물론 그 기준을 설정하는 것은 전혀 쉽지 않은 일로 보인다.

저자는 책의 서두에서부터 오늘날 폭력이 변형되어 비가시적으로 된다고 말함으로써, 자신이 폭력의 의미를 상당히 확장하는 입장에 있음을 드러낸다. 저자가 이를테면 오늘날 세계보건기구WHO 같은 기구에서 정의하는 식의 폭력을 말하는 것이 아님은 물론이다. 그가 긍정성의 폭력을 말할 때, 그는 일반적으로는 누구도 폭력이라고 부를 생각을 하지 않는 무언가를 폭력이라고 부르고 있는 것이다. 그런데도 그러한 개념 사용이 어떤 타당성을 지닌다면, 그 속에 우리가 보통 폭력이라고 생각하는 것의 핵심이 담겨 있기 때문일 것이다.

무엇보다도 흥미로운 것은 저자의 위상학적 분석이다. 그는 폭력의 시대적 변천 과정을 위상학적 변화로 설명하고자 한다. 이는 폭력의 형태를 통해서 시대를 구분할 수 있다는 것을 전제한다. 한 시대가 어떻게 폭력을 다루는가가 그 시대의 성격을 말해준다. 이때 폭력은 사인私人 간의 주먹다짐 같은 것이 아니라, 국가와 같은 공동체를 규율하는 힘으로 작용하는 폭력을 의미한다. 군주와 같은 절대적 주권자가 통치하는 주권사회를 대표하는 폭력은 참수의 폭력이다. 참수의 폭력은 공개적으로 시행되며 이로써 주권자의 권력을 과시하는 데 이용된다. 국가적 폭력은 버젓이 자행된다. 주권자의 폭력은 정당한 것이며, 주권자의 권력이 가지는 힘과 정당성을 알리는 소통와 매체다. 근대에 들어서면서 폭력은 정당성을 상실하고 국가의 폭력도 가능한 한 감추어야 할 것이 된다. 형벌의 집행은 전시되지 않는다. 강제수용소는 외부의 시선에 노출되지 않는 곳에 은밀히 설치된다. 형의 폭력성도 경감된다. 신체에 직접 해를 입히는 방식의 형벌은 점차 사라져간다. 이러한 경향은 흔히 사회 전체의 폭력성이 감소하는 것에 대한 증거로 이해된다. 사형 외에는 자유로운 신체적 이동을 막는 감옥형이 형벌 폭력의 일반적 형태가 된다. 그런데 이러한 사회에서도 단순히 폭력이 과거보다 감소했다고 말할 수는 없다. 참수의 폭력이 다른 방식의 폭력으로 대체될 뿐이다. 주권사회는 규율사회로 변모하는데, 그것은 폭력의 내부화로 이해할 수 있다. 규율사회는 복종주체를 낳으며, 복종주체는 훈육을 통해 사회 시스템의 강제를 내면화하게 된다. 그것은 복종주체에게 정신적, 신체적 변형을 가져온다. 폭력적 갈등은 지배 권력의 피지배자에 대한 물리적 가해가 아니라, 피지배자의 내부에 심어진 강제, 내면화된 강제와 그 강제에 저항하는 본래의 자아 사이에서 일어난다. 프로이트가 말한 초자아와 이드 사이의 갈등이 그것이다. 초자아의 금지와 강제는 폭력적인데, 결국 그것을 관철시키는 과정에서 인간의 신체와 영혼을 본래의 자연스러운 상태에서 이탈하게 하고(그래서 한병철은 이를 변형 Deformation의 폭력이라고 부른다) 심지어 정신 질환을 유발하기까지 하기 때문이다. 폭력의 기원이 감추어지고 익명화된다. 이에 따라 마치 사회가 비폭력적으로 되는 것처럼 보이지만, 폭력은 은밀하게 내면화된 형태로 작동하면서 주체에게 이전 시대와는 다른 양상의 해를 입히고 있는 것이다.

한병철은 폭력이 공적인 장소에서 비-장소Ab-Ort로 옮겨지고 내부화되는 이러한 위상학적 변화에도 불구하고 전근대적 주권사회와 근대적 규율사회 모두 부정성의 폭력이 지배하는 사회라고 규정한다. 부정성의 폭력이란 타자에게서 가해져오는 폭력이다. 주권사회의 참수의 폭력이 타자에게서 온다는 것은 두말할 나위도 없다. 규율사회의 경우는 어떤가? 여기서는 폭력의 내면화와 함께 감시하고 처벌하는 타자의 작용이 복종주체의 내면에 자리 잡는다. 그것이 프로이트가 말한 초자아다. 초자아의 심리적 폭력도 결국은 타자에게서 오는 부정성의 폭력이다.

한병철이 성과사회라고 부르는 오늘의 사회에 이르러서 폭력은 비로소 긍정성의 폭력으로 전화한다. 긍정성의 폭력이란 무엇인가? 그것은 타자에게서 오는 폭력이 아니라 자기 자신에게서 오는 폭력, 자신이 자신에게 가하는 폭력이다. 그러면 이것은 프로이트의 심리학이 묘사하는 인간의 내면적 갈등과 어떻게 구별되는가? 초자아의 이드에 대한 공격 또한 주체가 자기 자신에게 가하는 공격이라고 할 수 있지 않을까? 프로이트의 모델에서 초자아는 이드에게 욕망을 부정하고 금지하는 힘으로 나타난다. 초자아와 이드가 모두 주체의 내면에 있는 일부분이라고 하더라도 이드에게 초자아는 타자로 나타나며, 이드 역시 초자아에게 타자로 나타난다. 초자아는 규율사회의 강제를 관철하기 위해 복종주체의 내면에 파견된 타자다. 그리고 이드는 초자아의 강제에 저항한다. 초자아에게 숨겨진 거대한 무의식 영역의 형성이 이러한 저항의 결과물이라고 할 수 있다. 초자아는 강제를 주체의 내면 전 영역에서 관철하지 못한다. 부정성의 폭력은 이처럼 저항이 있을 때, 한쪽이 다른 쪽을 완전히 장악하지 못할 때 발생한다. 그러나 성과사회에서 자기가 자기에게 가하는 폭력에는 이러한 저항과 긴장의 계기가 없다. 규율사회에서 시스템의 강제가 복종주체의 내면에 초자아를 파견한다면, 성과사회의 명령은 이상자아로서 성과주체의 내면에 심어진다. 그것은 강제나 명령이 아니라 유혹의 형식이다. 성과주체는 자신의 내면에 심어진 이상자아의 부름을 받아, 이상자아처럼 되고자 하는 열망에서 더 많은 성과를 향해 열심히 달려간다. 성과주체 내에서는 초자아와 이드의 관계에서처럼 도덕적 의지와 에로스적 충동 사이의 충돌과 같은 대립적 성향의 충돌이 일어나지 않는다. 이상자아와 자아의 관계는 조화롭다. 성과주체는 하나의 충동을 좇는다. 그것은 시스템의 지상 명령인 성과의 증진이다.

한병철은 성과주체가 착취자이자 피착취자이며 가해자이자 피해자라고 말한다. 성과주체의 내면에서 이상자아는 더 많은 성과를 올리도록 자아를 강제하지만, 강제 당하는 피해자로서의 자아는 이에 조금도 저항하지 않고 기꺼이 그 강제에 따르기 때문에, 우리가 상식적으로 생각하는 폭력은 발생할 여지가 없는 것처럼 보인다. 한병철은 이를 두고 강제와 자유가 하나가 되었다고 말한다. 성과주체는 자유롭다는 느낌 속에서 강제를 실행한다. 이상자아는 강제하기보다는 유혹하는 것이고 자아는 그 유혹에 빨려들어 자발적으로 이상자아의 부름에 따르는 것뿐이다. 이상자아는 초자아의 진화된 형태다. 성과사회는 시스템의 요구를 주체의 내면에 심는 데 그치지 않고, 주체 내부의 의지 자체를 완전히 장악하여 자신의 요구에 자발적으로 따르게 만드는 것이다. 시스템이 강제하는 바를 스스로 하고 싶도록 원하게 만드는 데 성과사회의 지배 기술의 본질이 있다. 해서는 안 되는 일에 대해 공포를 느끼게 하는 것이 초자아의 방식이라면, 해야하는 일을 하고 싶게 만드는 것이 이상자아의 방식이다. 그 방식은 전혀 폭력적이지도 강제적이지도 않다. 그것은 다만 유혹적일 뿐이다. 그럼에도 불구하고 그것을 긍정성의 폭력이라고 말하는 것은 유혹이 결국 대가를 요구하기 때문이다. 성과주체는 결국 소진증후군이나 우울증 같은 심리적 질병에 빠짐으로써 시스템의 요구를 자신의 요구로 삼은 것에 대한 대가를 치른다. 폭력이 가하는 고통과 피해는 부정성의 폭력과는 달리 오직 후유증의 형태로만 나타난다. 성과주체는 어쩌면 마비된 주체라고 할 수 있을 것이다. 그래서 폭력을 폭력으로 느끼지 못하고 강제를 자유로 착각한다.

우리가 알고 있는 폭력, 즉 부정성의 폭력은 그 폭력이 우리에게 안겨줄 피해의 심각성을 미리 알려주면서 찾아온다. 그 신호가 바로 공포와 고통이다. 폭력이 주는 공포와 고통의 크기는 폭력이 남길 후유증의 심각성에 거의 비례한다. 공포와 고통이라는 신호가 있기에 우리는 폭력을 피하고 폭력에 저항할 수 있고, 폭력의 결과에 빠르게 반응할 수도 있다. 한병철이 말하는 긍정성의 폭력은 그러한 신호 체계가 작동하지 않는 폭력이다. 우리는 우리 자신을 망가뜨리고 있으면서도, 그것을 알지 못하고, 우리를 망가뜨리라는 시스템의 요구를 충실히 자발적으로 이행하고 있다는 것이다. 성과사회의 시스템적 폭력은 성과주체의 무의식적 자기파괴 활동 속에서 관철되어 간다. 우리는 고통 없이 다가오는 우리 자신의 폭력을, 우리가 스스로에게 가하는 폭력을 어떻게 제때 알아차리고 그것에 저항할 수 있을 것인가? 우리가 완전히 망가지기 전에, 시스템적 강제를 너무나 충실히 이행하는 우리들 성과주체 덕택에 시스템이 파열하는 순간이 오기 전에 말이다. 이 책에서 한병철의 어조는 전반적으로 착취자이자 피착취자이기도 한 성과주체와 그러한 자발적 착취를 통한 과잉생산 속에서 경색되어가는 성과사회의 필연적인 파괴와 몰락을 강조하는 것처럼 들리지만, 그것은 역설적으로 어떻게 이 저주스러운 굴레에서 벗어날 수 있을 것인가, 어떻게 이 마비 상태에서 깨어날 수 있을 것인가를 묻고 또 묻는 저자의 번민을 드러내준다.